Frohes Lernen 2

Arbeitsheft

Doris Kollecker, Nürnberg
Annette Szugger, Stein

Mit Illustrationen von:
Friederike Großekettler,
Hameln

Ernst Klett Verlag
Stuttgart · Leipzig

Inhalt

Ich überlege genau und achte auf schwierige Stellen.

Ich bespreche die Aufgabe mit einem Partner.

Wir vergleichen und verbessern gemeinsam.

Diese Zeichen helfen dir:

Schreibe in dein Heft.

Arbeite mit einem Partner.

Vergleiche mit der Lösung.

Arbeite in der Gruppe.

 Vielleicht kannst du diese Zusatzaufgabe auch lösen.

Das kann ich!

 Auf diesen Seiten kannst du deinen Lernerfolg überprüfen.

 Wie ist dir die Aufgabe gelungen? Male Mimi das passende Gesicht.

Über Lernen sprechen:

 Diese Aufgabe ist mir leicht gefallen, weil …

 Diese Aufgabe ist mir schwer gefallen, weil …

1 Schreibe die Reimwörter.

2 Wie viele Laute hörst du?
Male für jeden Laut, den du hörst, einen Punkt.

3 Markiere die Klangbuchstaben gelb.

O p a   H a s e   W u r m   K r o k o d i l   E n t e

1 Klatsche und sprich deutlich in Silben. Male Silbenbögen.

Hexe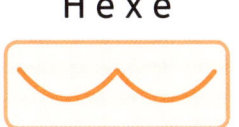

Ball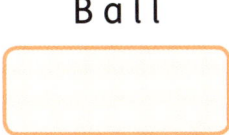

Vogel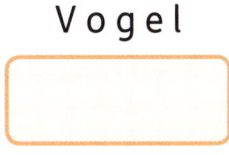

Krokodil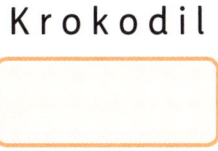

Auto

Buch

Fahrrad

Fisch

2 Setze die Silben richtig zusammen. Schreibe die Wörter mit Trennungsstrich.
Die Bilder helfen dir.

Te	Ro	pel	bo	mar	le	ke
Ra	ter	Am	fon	ke	te	Brief

Am-pel

3 Bilde aus den Silben Wörter.

ma – Pa – len – pa

To – Gur – ma – ke – te

Das weiß ich schon!

1 Kreise das Nomen und das passende Bild in der gleichen Farbe ein.

 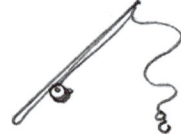 

Affe	klein	Angel	schwimmen	lesen	Baum

Buch   Fisch   gehen   Blume   rund

2 Schreibe die Nomen aus Aufgabe **1** auf.
Markiere den großen Anfangsbuchstaben.

Affe, _____

_____

_____

3 Nomen haben Artikel: **der**, **die**, **das** oder **ein**, **eine**.
Schreibe die Nomen aus Aufgabe **1** mit Artikel auf.

die Blume	oder	*eine Blume*
	oder	
	oder	
	oder	
	oder	
	oder	

1 Verbinde mit dem passenden Verb.

Die Kinder   grunzen.

Die Autos   miauen.

Die Schweine   blühen.

Die Katzen   fahren.

Die Rosen   lachen.

2 Schreibe die Sätze aus Aufgabe **1** richtig auf.

3 Nach einem Satz kommt ein Punkt.
Setze die Punkte (5) ein und schreibe den Text richtig ab.

Im Garten steht ein Baum Er hat grüne Blätter und gelbe Birnen

Die Birnen sind schon reif Opa klettert auf die Leiter

Er pflückt eine Birne

4 Den Satzanfang schreibt man groß. Setze die Punkte (6) ein.
Bessere aus und schreibe den Text richtig ab.

Im Herbst sind die Äpfel reif Oma steigt auf die Leiter

sie erntet die Äpfel ein Apfel ist besonders schön

Oma schenkt ihn mir der Apfel schmeckt sehr fein

1 Lies dir die Übungs-Tipps genau durch.

1 Ich spreche das Wort leise, aber deutlich.

2 Ich schaue mir das Wort genau an.

3 Ich merke mir die schwierige Stelle.

4 Ich schreibe das Wort auswendig.

5 Ich vergleiche genau.

6 Ein Wort mit einem Fehler schreibe ich noch einmal richtig auf.

2 Übe die folgenden Wörter.

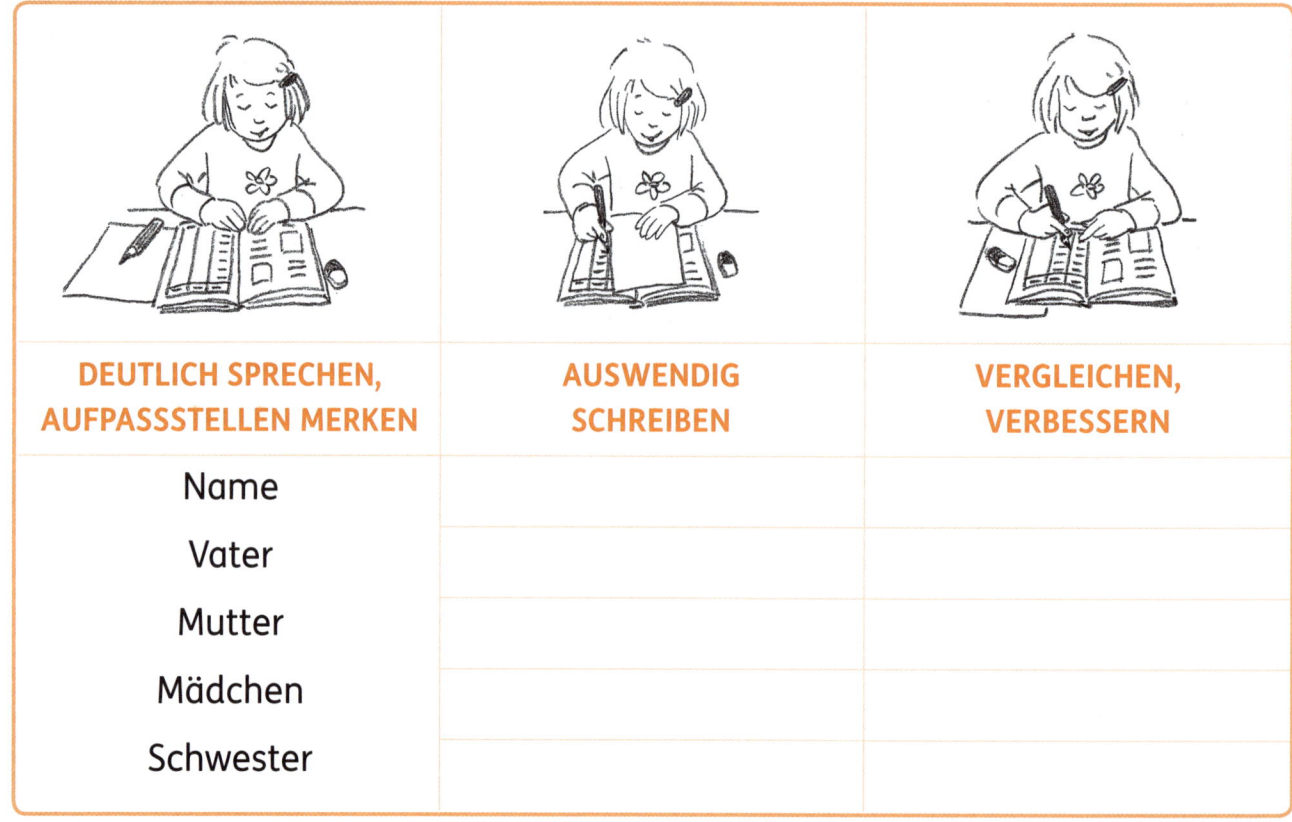

DEUTLICH SPRECHEN, AUFPASSSTELLEN MERKEN	AUSWENDIG SCHREIBEN	VERGLEICHEN, VERBESSERN
Name		
Vater		
Mutter		
Mädchen		
Schwester		

Namen von Menschen heißen **Nomen**.

Nomen schreiben wir groß.

1 Finde die passenden Nomen zu den Bildern.
Ziehe den ersten Buchstaben farbig nach.
Fallen dir noch andere passende Nomen für deine Familie ein?

| Bruder | Mutter | Schwester | Vater | Mimi | Junge | Kind | Mädchen |

2 In der Wörterschlange verstecken sich noch mehr Nomen.
Trenne sie mit einem Strich und schreibe die Wörter richtig auf.

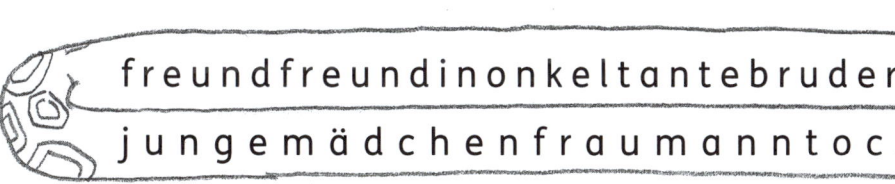

freundfreundinonkeltantebruderschwester

jungemädchenfraumanntochtersohn

Jeder Buchstabe hat
im **ABC** seinen Platz.

ABCDEFGHIJKLMN
OPQuRSTUVWXYZ

1 Ergänze das ABC.

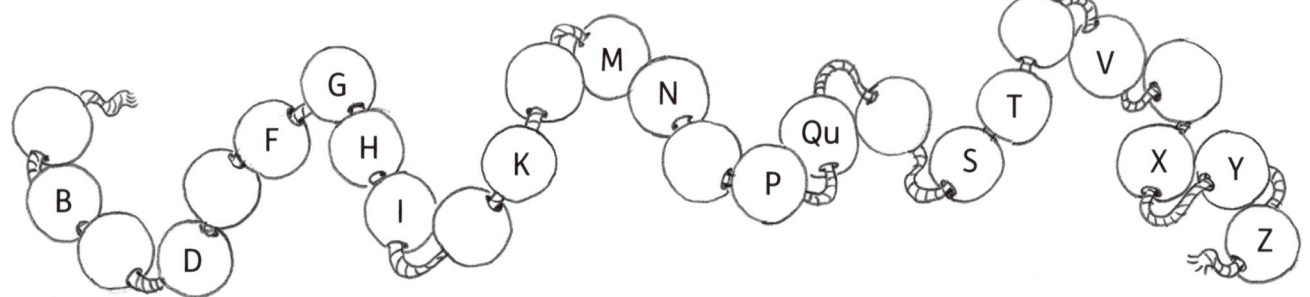

2 Welches Tier versteckt sich hier? Verbinde nach dem ABC. Beginne bei **A**.

3 Was kommt davor? Was kommt danach?

| | d | |
| | p | |

| | g | |
| | s | |

| | j | |
| | v | |

| | m | |
| | y | |

4 Schreibe die Wörter nach dem ABC auf.

Berg   Auto   Hose   Stein   Pinsel   Klasse   Foto   Maus

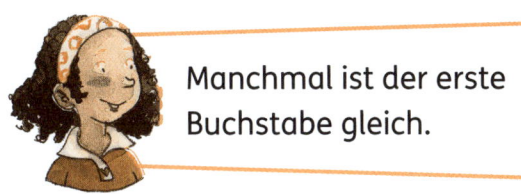

Manchmal ist der erste Buchstabe gleich.

Dann kannst du die Wörter nach dem zweiten Buchstaben ordnen.

1 Ordne die Wörter nach dem ersten Buchstaben.

alle   Wurzel   Gesicht   Zahn   Apfel   Baum   Ente   Quadrat   rot

alle

2 Ordne die Wörter nach dem zweiten Buchstaben.

Fahrrad   Flugzeug   Filzstift   Puppe   Pirat   Pony   Affe   Adler   Aal

☆ Kannst du die Wörter auch nach dem dritten Buchstaben ordnen?

Fahne   Farbe   Fabrik

Bogen   Bohne   Bonbon

Ameise   Amsel   Ampel

Martin   Mantel   Maus

Arbeit mit der Wörterliste

Wie schreibt man Hecke?

Schau in der **Wörterliste** nach. Hier stehen die Wörter nach dem ABC geordnet.

1 Welche Wörter folgen in der Wörterliste?

2 Suche die fehlenden Wörter in der Wörterliste.

Hexe	Ball	Zimmer
hinter	Bauch	zwei

3 Suche die Nachbarwörter in der Wörterliste.

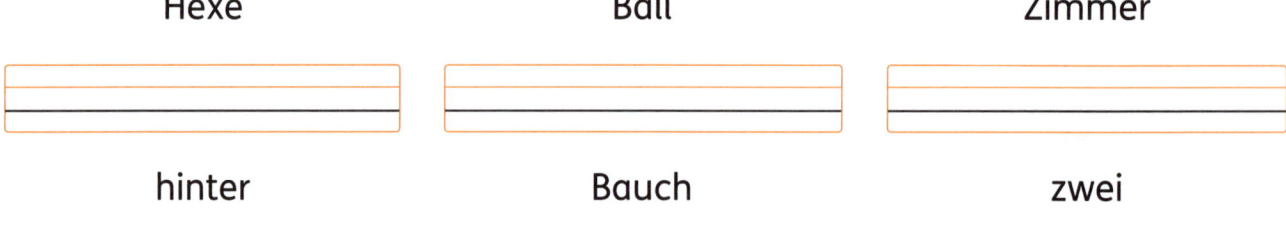

Wiese	Ampel	Rücken

4 Sucht die Wörter in der Wörterliste. Schreibt zu jedem Wort die drei Folgewörter auf.

Bruder	Eltern	Schwester	Mutter	Vater	Kind

1 Unterstreiche alle Nomen. Schreibe sie richtig auf.

bruder	mutter	kaufen	schwester	schnell
vater	weich	junge	helfen	mädchen

Bruder,

2 Ordne die Wörter in jeder Zeile nach dem ABC.
Schreibe sie dann in der richtigen Reihenfolge ab.

___ Familie   ___ Geld   ___ Biene   ___ Apfel   ___ Hand

___ Herbst   ___ Leiter   ___ Dienstag   ___ Wasser   ___ Regen

___ Kastanie   ___ Kuchen   ___ Kind   ___ Kirsche   ___ Kleid

3 Welches Wort steht in der Wörterliste davor?

Platz	Mädchen	Auge	Junge

4 Schreibe zu jedem Wort die zwei Folgewörter aus der Wörterliste.

Frau	Sohn	Tochter	Tante

1. Bruder, Mutter, Schwester, Vater, Junge, Mädchen | **2.** 1 Apfel – 2 Biene – 3 Familie – 4 Geld – 5 Hand,
1 Dienstag – 2 Herbst – 3 Leiter – 4 Regen – 5 Wasser, 1 Kastanie – 2 Kind – 3 Kirsche – 4 Kleid – 5 Kuchen
3. Pizza – machen – aufpassen – Juli
4. Freitag, fremd – sollen, Sommer – Tomate, tragen – Tasche, Teddy

13

Namen von Dingen heißen **Nomen**.

Nomen schreiben wir groß.

1 Schreibe die Wörter richtig auf.

 der _____   die _____   das _____

die _____   der _____    das _____

2 Ordnet die Wörter in drei Gruppen.

> das Buch   die Hose   der Ball   das Kleid   die Puppe
>
> das Heft   der Mantel   der Füller   die Kugel

Dinge für die Schule

Dinge zum Anziehen

Dinge zum Spielen

3 Wie heißen diese Wörter? Ziehe den ersten Buchstaben farbig nach.

☆ Finde eigene Worträtsel.

 **Schu-le**
Wörter kann man trennen.
Die Teile heißen **Silben**.

 In jeder Silbe muss ein
a, e, i, o oder **u** sein.
Das sind die Vokale.

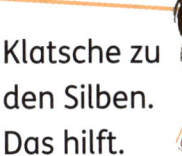 Klatsche zu
den Silben.
Das hilft.

1 Markiere **a, e, i, o, u** farbig. Klatsche die Silben.
Male die Silbenbögen unter die Wörter.

S c h u l e   B u c h   B l u m e   S t i f t

r e c h n e n   l e s e n   T i s c h   H e f t

2 Ordne die Wörter aus Aufgabe **1**.

eine Silbe ⌣   zwei Silben ⌣⌣

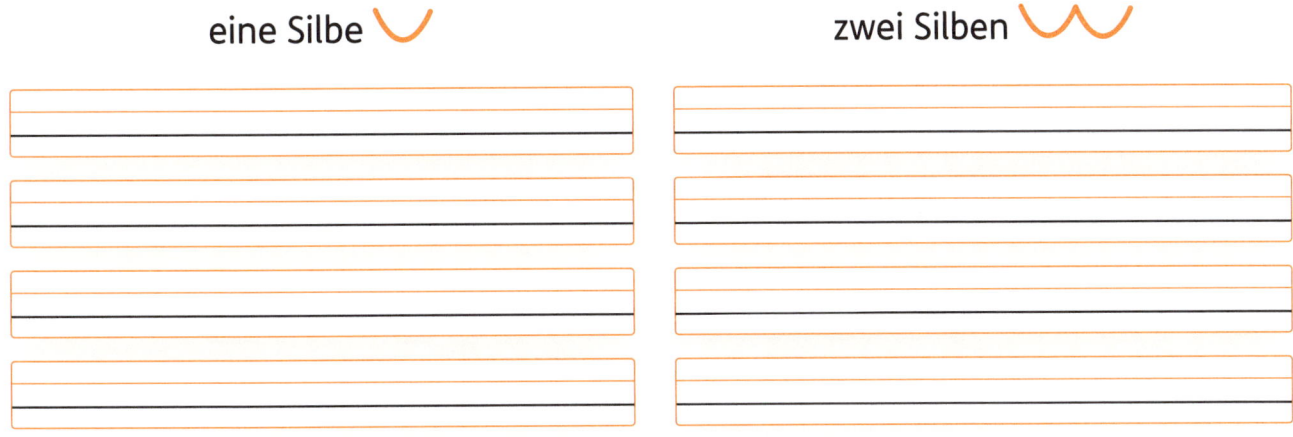

3 Suche passende Wörter aus deinem Klassenzimmer. Schreibe sie auf.

15

1 Was ist hier passiert?

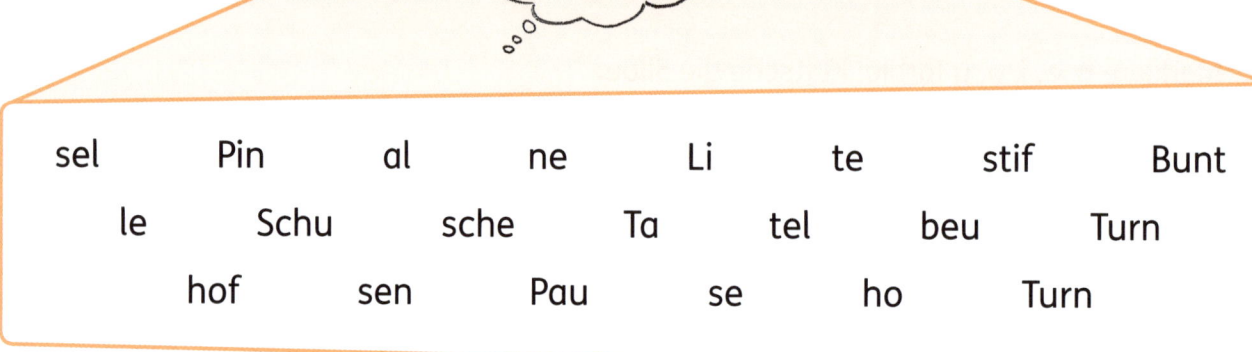

sel	Pin	al	ne	Li	te	stif	Bunt
le	Schu	sche	Ta	tel	beu	Turn
hof	sen	Pau	se	ho	Turn

Die Silben sind durcheinandergeraten.
Schreibe jedes Wort in Silben.
Markiere **a**, **e**, **i**, **o**, **u** farbig.

Pin – sel

2 Setze die passenden Wörter ein. Verwende für jede Silbe eine andere Farbe.

Erol hat seinen _____ in der _____ vergessen.

Auch seine _____ liegen dort.

Sein _____ liegt noch unter dem Tisch.

Seine _____ kann er auch nicht finden.

Zum Glück hat er seinen _____ dabei.

3 Schreibe die Geschichte aus Aufgabe **2** ab.

Namen von Pflanzen
heißen **Nomen**.

**Nomen schreiben
wir groß.**

1 Schreibe die Namen der Pflanzen unter die Bilder.
Die Wörterliste hilft dir dabei.

2 Unterstreiche die Nomen farbig. Schreibe die Geschichte richtig ab.

In der hecke gibt es viel zu sehen.

An den sträuchern sind viele blätter.

An manchen büschen sind blüten.

An den sträuchern wachsen beeren.

Neben der hecke blühen blumen.

3 🖉👥 Lest euch die Geschichte aus Aufgabe **2** gegenseitig vor.
Klatscht die Silben.

Nomen für Tiere

Namen von Tieren heißen **Nomen**.

Nomen schreiben wir groß.

1 Schreibe das passende Wort unter das Bild.
Ziehe den großen Anfangsbuchstaben farbig nach.

| Pferd | Vogel | Hund | Hase | Katze | Maus | Schaf | Kuh |

2 Ordne die Buchstaben. Schreibe die Wörter richtig auf. Male Silbenbögen.

| Igle | Etne | Krokidol | Pfred | Vegol |
| Hesa | Hdun | Muas | Kaetz | Schneiw |

3 Schreibt gemeinsam weitere Tiernamen auf ein Plakat.

1 Schreibe die Wörter in die richtigen Spalten. . . . .

| Stuhl | Katze | Oma | Koffer | Blume | Mama | Schwein | Baum |

Menschen	Tiere	Dinge	Pflanzen

2 Schreibe die Wörter in Silben getrennt auf. Markiere die Vokale farbig. . . . .

Hose	Tisch	Raupe	lernen

3 Schreibe die Wörter in die richtigen Spalten. . . . .

| Lineal | Buch | turnen | Heft | Buntstifte | malen |

eine Silbe	zwei Silben	drei Silben

4 Schreibe die Wörter richtig auf. . . . .

lam Ta pe schen	ta Schul sche	me Blu

1. Menschen: Oma, Mama Tiere: Katze, Schwein Dinge: Stuhl, Koffer Pflanzen: Blume, Baum
2. Ho-se, Tisch, Rau-pe, lern-en
3. eine Silbe: Buch, Heft zwei Silben: turnen, malen drei Silben: Lineal, Buntstifte
4. Taschenlampe, Schultasche, Blume

Vokale

→ 18

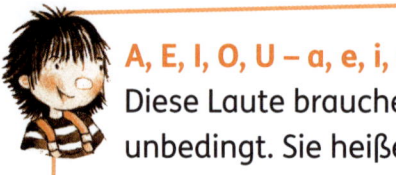

A, E, I, O, U – a, e, i, o, u
Diese Laute brauchen wir
unbedingt. Sie heißen **Vokale**.

H_ll_ M_x!
W_ b_st d_?
Was fällt dir auf?

1 Male die Vokale an.

2 Lies. Setze danach die Vokale farbig ein.

__ **B C D** __ **F G**

j__ckt __ns w__rkl__ch n__cht __m Z__h.

H __ **J K** __nd **L**

h__b__n w__r g__l__rnt

g__nz schn__ll.

M N __ **P Qu** __nd **R**

l__rn__n w__r n__ch

schn__ll__r.

S T __ **V W**

t__t __ns n__rg__nds w__h.

X Y und **Z**

d__nk__n w__r n__ch n__chts __m B__tt.

3 Sprich das Gedicht. Klatsche die Silben.

1 Schreibe die Wörter zu den Bildern auf. Markiere die Vokale farbig.

2 Tausche den farbigen Vokal aus und bilde ein neues Wort.

Tonne → _____

Hand → _____

Gruppe → _____

Nudel → _____

3 Suche in der Wörterliste zehn Nomen. Markiere die Vokale farbig.

4 Kennt ihr das Lied „Drei Chinesen mit dem Kontrabass"?
Singt es und tauscht nacheinander alle Vokale aus.

Höre genau hin.
Sprich besonders
deutlich.

Rose – Post, Schule – Nummer
Wie klingt der Vokal?

1 Sprich die Wörter besonders deutlich.
Achte dabei auf den farbigen Vokal. Klingt er lang oder kurz?

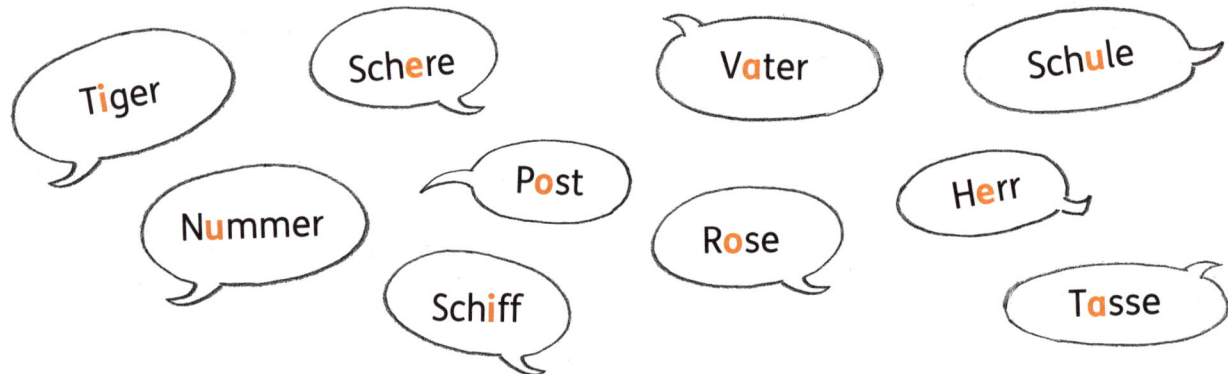

Tiger   Schere   Vater   Schule

Nummer   Post   Rose   Herr

Schiff   Tasse

2 Ordne die Wörter richtig zu.
Male einen Strich unter die langen und einen Punkt unter die kurzen Vokale.

langer Vokal   **kurzer Vokal**

der Tiger   *die Post*

3 Schreibe die Wörter aus Aufgabe **2** getrennt auf. Male unter den langen Vokal ▬ und
unter den kurzen Vokal •. Was fällt dir auf?

Schreibe so: *der Ti – ger, die Post …*

> Wenn ich einen Satz abschreibe, muss ich mir oft mehrere Wörter gleichzeitig merken.

1 Schreibe die folgenden Sätze ab. Beachte die Tipps.

Alle gehen einkaufen.

Mutter und Vater kaufen Obst.

Lisas Bruder möchte ein Buch.

Pauls Schwester braucht Schuhe.

Ein Mädchen sucht eine Tasche.

Ein anderes Kind nascht Gummibärchen.

Tipps:
- genau lesen
- merken
- Wörter zudecken
- schreiben
- vergleichen
- verbessern

2 Bastle einen Abdeckstreifen aus Karton. Übe dann das richtige Abschreiben.

Alle gehen einkaufen.
Mutter und Vater kaufen Obst.
Lisas Bruder mö

Alle gehen einkaufen.
Mutter und Vater kaufen Obst.
Lisas Bruder möchte
Paul
Ein M
Ein a

Konsonanten

be, de, ka, el,
en, es ...

Bei vielen Lauten klingt noch ein Laut mit. Das sind die **Konsonanten**.

1 Setze alle Konsonanten ein.

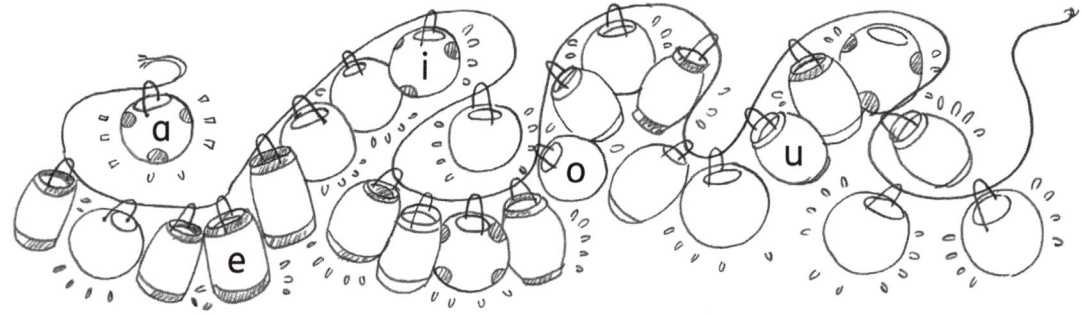

a   i   o   u   e

2 Schreibe die folgenden Wörter ab. Markiere alle Konsonanten farbig.

Schreibe so: *Vogel* ...

Vogel   Krokodil   Wolke

Blume   Dino

Nadel

3 Ersetze die farbigen Konsonanten durch andere.

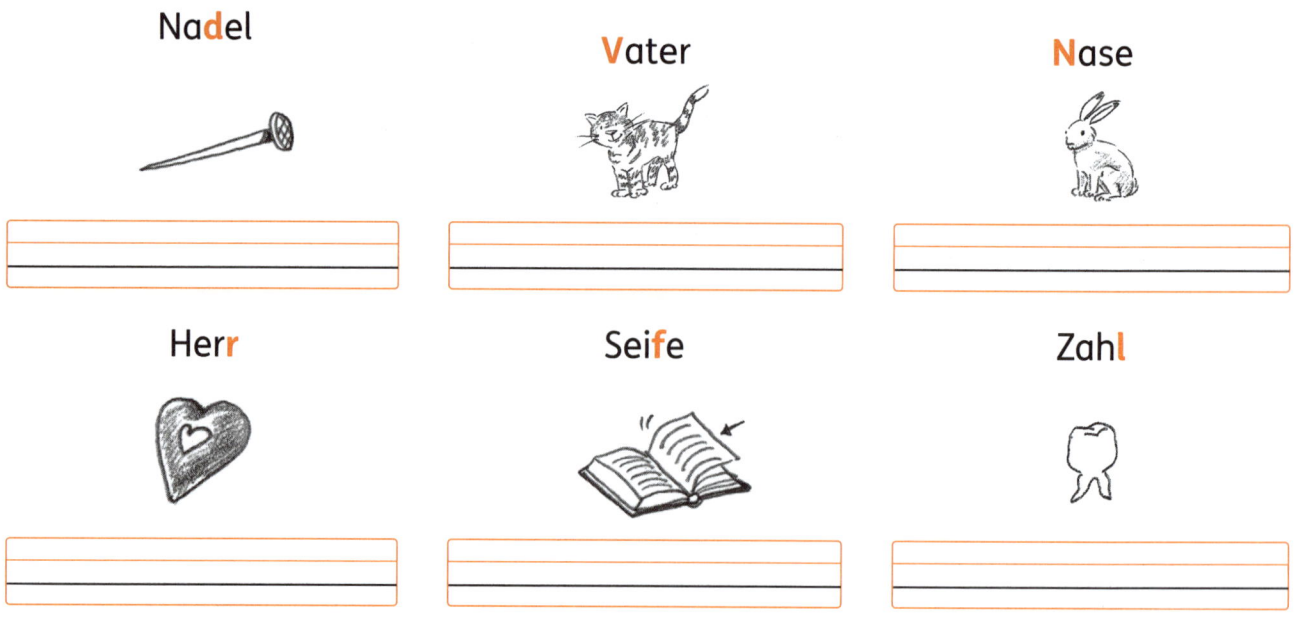

Na**d**el

Vater

Nase

He**rr**

Sei**f**e

Zah**l**

4 Klatsche die Silben zu den Wörtern aus Aufgabe **3**.

Äste – **A**st
B**ä**nke – B**a**nk
H**ä**nde – H**a**nd

Schau dir die Wörter in der Einzahl und in der Mehrzahl an. Was fällt dir auf?

1 Immer zwei Nomen gehören zusammen. Schreibe auf.

Wald	Ball	Dach	Mantel
Sack	Rad	Ast	Apfel

Äpfel	Säcke	Äste	Wälder
Räder	Mäntel	Dächer	Bälle

der Apfel – die Äpfel

2 Trage die fehlenden Verben in die Schiffe ein.

fahren — *es fährt*

blasen — *er*

tragen — *sie*

halten — *es*

fangen

wachsen — *er*

fallen — *es*

backen — *er*

waschen

Umlaute

→ 22

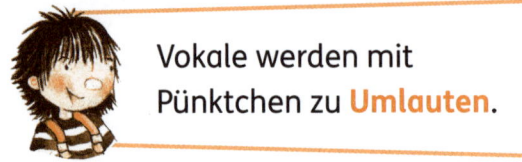

Vokale werden mit Pünktchen zu **Umlauten**.

a wird zu ...
o wird zu ...
u wird zu ...

1 Setze ein.

Vokal		Umlaut
A	→	
O	→	
U	→	

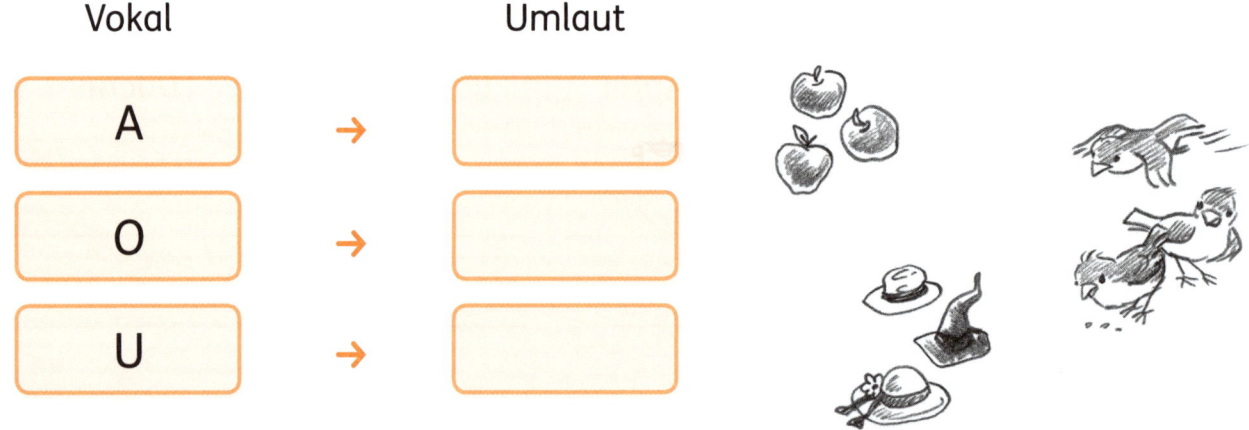

2 Setze die Nomen in die Mehrzahl.
Markiere die Umlaute und die dazu passenden Vokale farbig.

Einzahl		Mehrzahl
ein Gr**a**s	→	*viele Gräser*
ein Zahn	→	
ein Vogel	→	
ein Topf	→	
ein Hut	→	
ein Turm	→	

3 Suche zu jedem Umlaut weitere Mehrzahlwörter in der Wörterliste.
Schreibe sie ab und markiere die Umlaute farbig.

Nomen in der Einzahl und Mehrzahl

Nomen können in der Einzahl und in der Mehrzahl stehen.

eine Tasch**e** – viele Tasch**en**
ein Aut**o** – viele Aut**os**
ein B**a**ll – viele B**ä**ll**e**
Was fällt dir auf?

1 Schreibe die Nomen in der Einzahl und in der Mehrzahl unter die Bilder.

| ein | viele | eine | viele |

2 Schreibe die Nomen in der Einzahl und in der Mehrzahl.

Einzahl		Mehrzahl

3 Suche die Wörter in der Wörterliste. Schreibe sie in der Einzahl und in der Mehrzahl auf.

| Blatt | Hecke | Apfel | Vogel | Igel | Buch | Stift | Klasse |

☆ Was verändert sich bei den Wörtern aus Aufgabe **3** in der Mehrzahl? Markiere.

1 Kreise die Vokale ein. . . . .

A B C D E F G H I J K L M N O P Qu R S T U V W X Y Z

2 Markiere die Vokale in den Wörtern. . . . .

| Sommer | Stunde | Tulpe | Monat | Radio | Wasser | Polizist | Marmelade |

3 Schreibe die Mehrzahl und markiere, was sich verändert. . . . .

ein Schrank →

ein Turm →

ein Blatt →

4 Schreibe die folgende Geschichte ab. Denke an die Tipps. . . . .

Es wird Herbst.

Die Blätter werden bunt.

Die Sonne scheint warm.

Im Garten spielen viele Kinder.

 heiß, Eule, Haus, Träume …

 Wenn zwei Vokale zusammen klingen, heißen sie Zwielaut.

1 Trage die fehlenden Zwielaute ein.

| Au | → | au | | Ei | → | |
| Äu | → | | | Eu | → | |

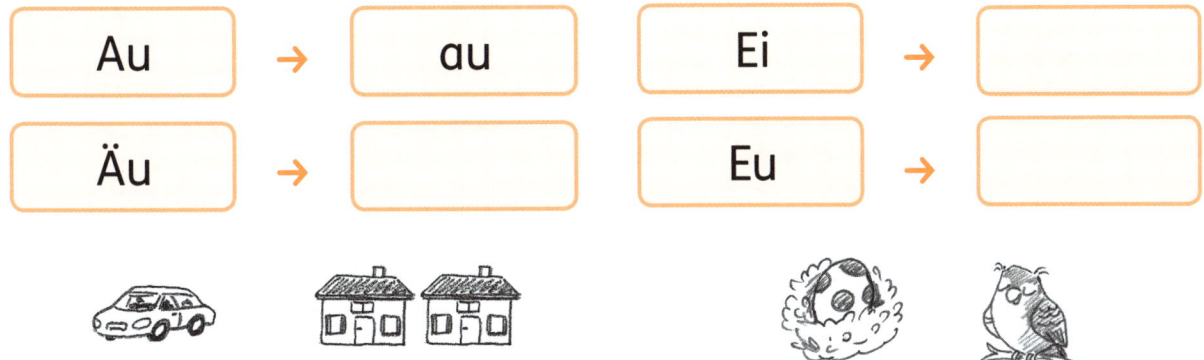

2 Trage die Wörter in die richtige Spalte ein. Markiere den Zwielaut farbig.

| Bein | Baum | Leute | Heu | Frau | Zeit |

Eu / eu	Ei / ei	Au / au

☆ Setze den passenden Zwielaut ein. Schreibe dann das Wort in die richtige Spalte bei Aufgabe 2. Achtung: Manchmal gibt es mehrere Lösungen!

H___s   ___ge   ___le   Fr___nd   ___   S___te

3 Finde in der Wörterliste je zehn Wörter mit **Au/au**, **Ei/ei** und **Eu/eu**.
Markiere die Zwielaute farbig.

Nomen haben Artikel

→ 29

Zu jedem Nomen gehört ein **Artikel**.

der Igel – **ein** Igel
die Spinne – **eine** Spinne
das Pferd – **ein** Pferd

1 Ordne die Tiere richtig in die Tabelle ein.

der	die	das

2 Schreibe zu jedem Nomen die passenden Artikel.

der
ein

☆ Was passt besser: **der**, **die**, **das** oder **ein**, **eine**?
Begründe deine Entscheidung.

Im Zimmer liegen _____ Ball, _____ Puppe und _____ Auto. _____ Ball liegt

auf dem Bett, _____ Puppe unter dem Tisch und _____ Auto hinter der Tür.

1 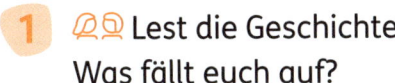 Lest die Geschichte.
Was fällt euch auf?

Ein Regentag im Herbst

heute fällt starker regen. auch
der wind weht kräftig. er bläst die
blätter durch die luft. lukas und
lena sind in der wohnung. hier ist es
gemütlich. der junge liest ein buch.
seine kleine schwester spielt
mit der puppe.

Wie viele Nomen habt ihr gefunden?

2  Schreibt die Geschichte richtig auf.

1 Sucht die Fehler.

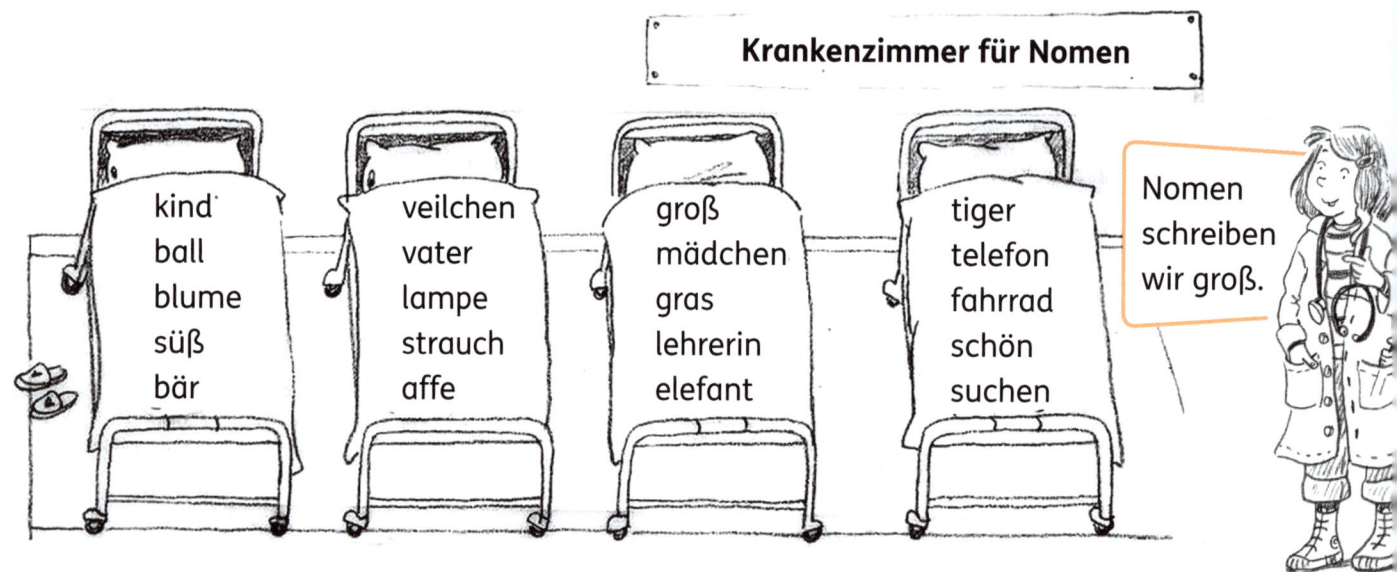

Krankenzimmer für Nomen

kind
ball
blume
süß
bär

veilchen
vater
lampe
strauch
affe

groß
mädchen
gras
lehrerin
elefant

tiger
telefon
fahrrad
schön
suchen

Nomen schreiben wir groß.

2 Ordne die Nomen richtig zu und schreibe sie mit dem Artikel auf.

Menschen

das Kind

Tiere

Pflanzen

Dinge

3 Vier Wörter passen nicht dazu. Schreibe sie auf. Begründe.

Ich höre scht aber schreibe **St/st**.

Ich höre schp aber schreibe **Sp/sp**.

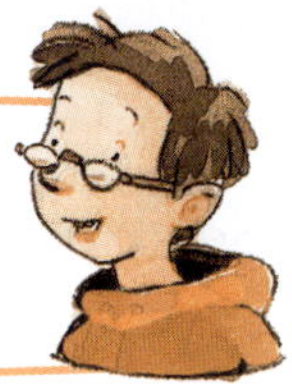

1 Schreibe die Wörter in die richtigen Spalten. Ziehe **St** und **Sp** farbig nach.

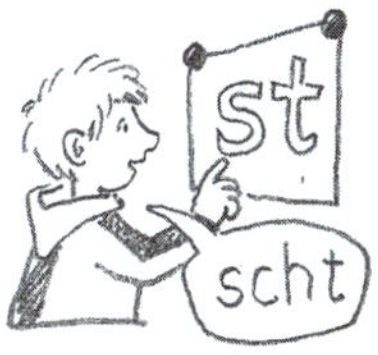

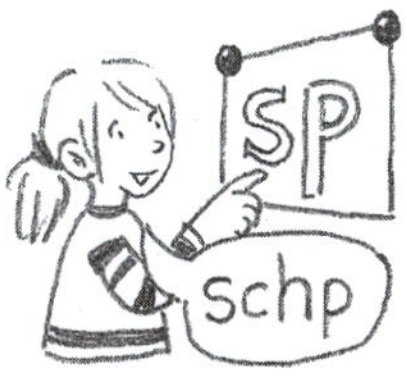

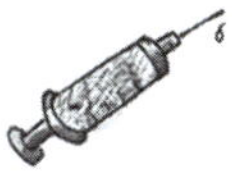

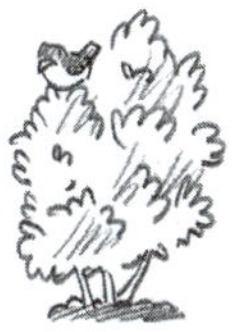

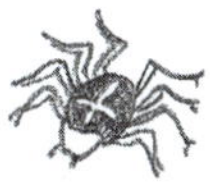

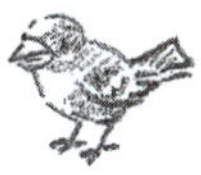

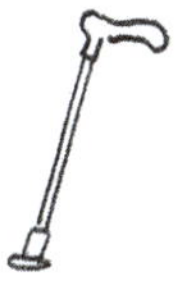

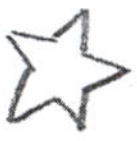

2 **st** oder **sp**?

st	sp

___eigen   ___aren   ___ielen   ___ellen   ___ritzen   ___reiten

3 Setze die Wörter richtig ein.

Lena, Tim und Mama gehen auf den _____.

Sie laufen über die _____ . Plötzlich _____

Tim über einen _____. Er _____ auf den Boden.

Zum Glück ist ihm nichts geschehen!

Spielplatz   stolpert   stürzt   Straße   Stein

1 Setze den passenden Zwielaut ein. ....

das H____s   das Kl____d   das ____to   der B ____m

2 Schreibe zu jedem Nomen die passenden Artikel. ....

Kuh   Hund   Pferd

3 Unterstreiche alle Nomen. Schreibe die Sätze richtig auf. ....

olga sitzt am fenster.

sie sieht die grüne wiese mit den bunten blumen und vögeln.

4 Schreibe die Wörter auf. ....

1. das Haus   das Kleid   das Auto   der Baum
2. die/eine Kuh   der/ein Hund   das/ein Pferd
3. Olga sitzt am Fenster. Sie sieht die grüne Wiese mit den bunten Blumen und Vögeln.
4. Stern   Spatz   Spritze

 Schau mal, was die Kinder tun! Sie renn**en**, sitz**en** und lach**en**.

 **Verben sagen uns, was jemand tut.** Wir schreiben sie klein. Die **Grundform** endet meist auf **-en**.

1 Was tun die Kinder? Schreibe die Verben in der Grundform.

_____ _____ _____

2 Reime und finde so neue Verben. Markiere **-en** farbig.

Aus **sehen** wird geh_____ und st_____.

Aus **bauen** wird sch_____ und tr_____.

Aus **heißen** wird b_____ und r_____.

Aus **singen** wird kl_____ und br_____.

Aus **leben** wird g_____ und h_____.

 Finde die zehn Verben in der Grundform. → ↓

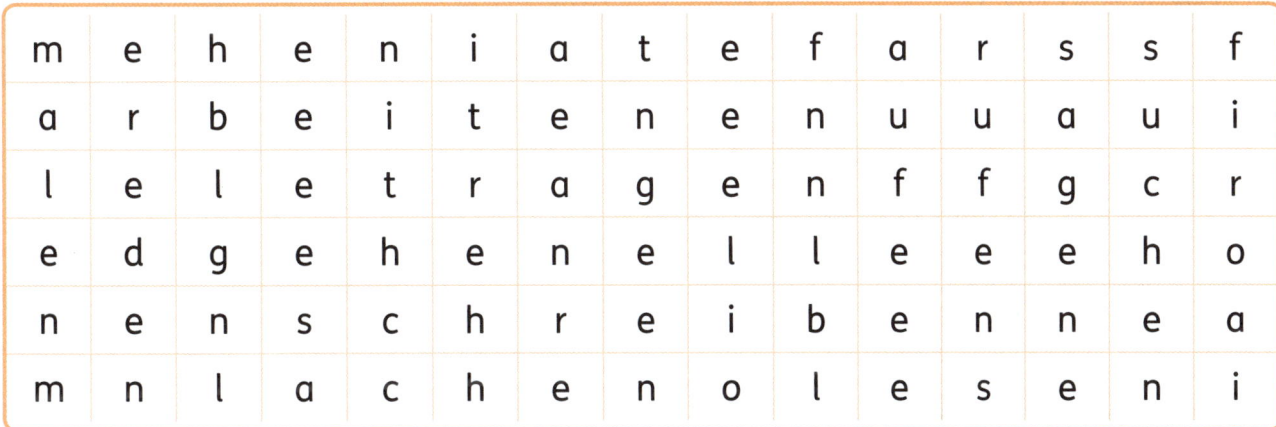

m	e	h	e	n	i	a	t	e	f	a	r	s	s	f
a	r	b	e	i	t	e	n	e	n	u	u	a	u	i
l	e	l	e	t	r	a	g	e	n	f	f	g	c	r
e	d	g	e	h	e	n	e	l	l	e	e	e	h	o
n	e	n	s	c	h	r	e	i	b	e	n	n	e	a
m	n	l	a	c	h	e	n	o	l	e	s	e	n	i

 3 Was tust du gerne? Schreibe die Verben auf und markiere **-en** farbig.

Verben

malen
Jedes Verb hat einen **Wortstamm**.

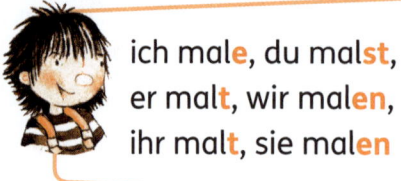

ich mal**e**, du mal**st**, er mal**t**, wir mal**en**, ihr mal**t**, sie mal**en**

An den Wortstamm werden die **Endungen** gehängt.

1 Das tun Kinder. Schreibe die verschiedenen Formen. Markiere die Endungen.

	turnen	singen	spielen
ich	ı	s	s
du			
er/sie/es			
wir			
ihr			
sie			

2 Was tun die Kinder? Ergänze die Verben in der richtigen Form.

Ina _____ einen Stern.

Lukas und Niko _____ Ball.

Susi und Sven _____ Plätzchen.

Arda _____ laut.

backen

basteln

spielen

lachen

3 Spielt „Verben erraten".
Ein Kind spielt ein Verb vor, die anderen versuchen es zu erraten.

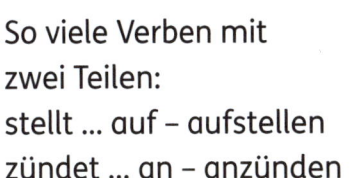
Für Weihnachten müssen wir
noch viel vorbereiten:
Wer **stellt** den Baum **auf**?
Wer **zündet** die Kerzen **an**?

So viele Verben mit
zwei Teilen:
stellt … auf – aufstellen
zündet … an – anzünden

1 Markiere die zwei Teile des Verbs.
Schreibe dann das Verb in der Grundform auf.

Mama packt ein Geschenk für Tante Ilse ein. →

David stellt den Weihnachtsbaum auf. →

Das Essen bereiten alle zusammen vor. →

Papa zündet die Kerzen an. →

2 Verbinde je zwei Teile zu einem Verb und schreibe es in der Grundform auf.

auf	heben
unter	stellen
aus	holen
zurück	lächeln
an	suchen
ein	laufen
über	tragen
ab	fallen

anlächeln,

3 Schreibe zu jedem zusammengesetzten Verb aus Aufgabe **2** einen Satz.

Ich **esse**. Du **isst**.

Was passiert mit dem Wortstamm?

1 Finde zu jedem Bild ein passendes Verb in der Grundform.

2 Markiere den Wortstamm.

lesen	→	er liest		sehen	→	er sieht
geben	→	er gibt		essen	→	er isst
schlafen	→	er schläft		helfen	→	er hilft

3 Schreibe zu den Verben aus Aufgabe **2** Sätze in der **er**-Form.

Schreibe so: *Papa liest ein Buch.*

4 Schreibe zu den Verben alle Formen auf. Markiere den Wortstamm.

	geben	laufen	sehen
ich			
du			
er/sie/es			
wir			
ihr			
sie			

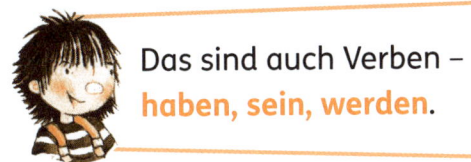

Das sind auch Verben –
haben, sein, werden.

ich habe	ich bin	ich werde
du hast	du bist	du wirst
er/sie/es hat	er/sie/es ist	er/sie/es wird
wir haben	wir sind	wir werden
ihr habt	ihr seid	ihr werdet
sie haben	sie sind	sie werden

1 Setze das Verb in der Klammer in der richtigen Form ein.

Es _____ (sein) spät. Es _____ (werden) schon dunkel.

Ich _____ (sein) müde.

Mein Schlafanzug _____ (haben) grüne Streifen.

_____ (sein) ihr auch schon müde?

2 Schreibe die Sätze aus Aufgabe **1** ab. Markiere die Verben farbig.

3 Finde alle Verben in der Geschichte. Markiere sie.

Ich bin Lisa. Morgen werde ich acht Jahre alt.

Ich habe einen Hund. Er ist sehr brav.

Wir sind Freunde. Hast du auch ein Tier?

☆ Schreibe eine eigene Geschichte wie in Aufgabe **3**.

Verben sagen uns, was jemand tut.

Verben sagen auch, was passiert.

1 Schreibe die passende Form des Verbs.

regnen → *es regnet*

schneien →

stürmen →

donnern →

blitzen →

tröpfeln →

nieseln →

2 Setze ein, was passiert.

_____ . Es ist sehr windig.

Die Blumen im Garten _____ .

Der Gartenstuhl _____ .

_____ sehr stark.

es regnet

fällt um

brechen ab

es stürmt

☆ Schreibe eine eigene Geschichte über das Wetter.
Verwende die Verben aus Aufgabe **1**.

1 Kreise alle Verben ein.

> ROT   STÜRZEN   DACH   NICHTS   GEBEN   ANGELN   WILD

2 Setze das Verb in der Klammer in der richtigen Form ein.

In den Ferien _____ Franz lange. (schlafen)

Spät am Morgen _____ er _____ . (aufstehen)

Mit seinen Freunden _____ er eine Burg aus Sand. (bauen)

Später _____ er zu Mittag. (essen)

3 Schreibe die Verben in der **er**-Form.

lesen → _____   haben → _____

fahren → _____   sein → _____

helfen → _____   werden → _____

4 **ver-** oder **vor-**?

> ver-
> vor-

lesen _____

stehen _____

singen _____

5 Schreibe je einen Satz mit den Verben aus Aufgabe **4**.

🔑 **1.** stürzen, geben, angeln
2. schläft   steht ... auf   baut   isst
3. er liest   er fährt   er hilft   er hat   er ist   er wird
4. vorlesen/verlesen   verstehen   vorsingen/versingen

Adjektive sagen, wie etwas ist.

Der Ball ist **rund**.
Das Haus ist **hoch**.
Die Musik ist **laut**.

1 Welches Adjektiv passt nicht? Streiche es durch.
Schreibe mit den übrigen Wörtern sinnvolle Sätze.

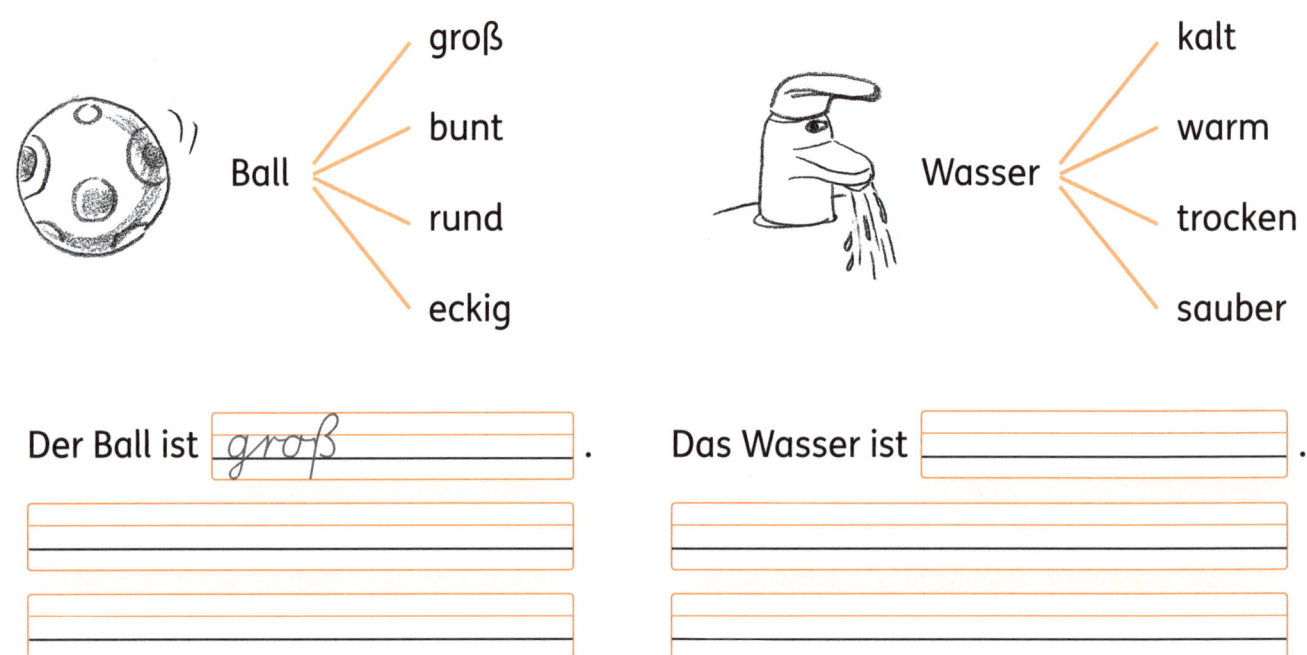

Ball
- groß
- bunt
- rund
- eckig

Wasser
- kalt
- warm
- trocken
- sauber

Der Ball ist *groß* .

Das Wasser ist _____ .

2 Was passt? Verbinde die Adjektive mit den richtigen Nomen.

Wasser	Eis	Feder	Auto	Stein	Musik
leicht	schnell	flüssig	hart	laut	kalt

3 Beschreibe dein Lieblingsstofftier.

4 Spielt „Ich sehe was, was du nicht siehst".

Welche Jacke soll ich dir bringen?

Ich mag **die warme Jacke**.

Mit Adjektiven können wir vergleichen und genau beschreiben.

1 Welche Jacken, Pullis und Hemden hat Umut?
Schreibe auf. Fällt dir etwas auf?

kurz
alt
dünn
hell

Er hat eine kurze Jacke.

weich
bunt
dick
neu

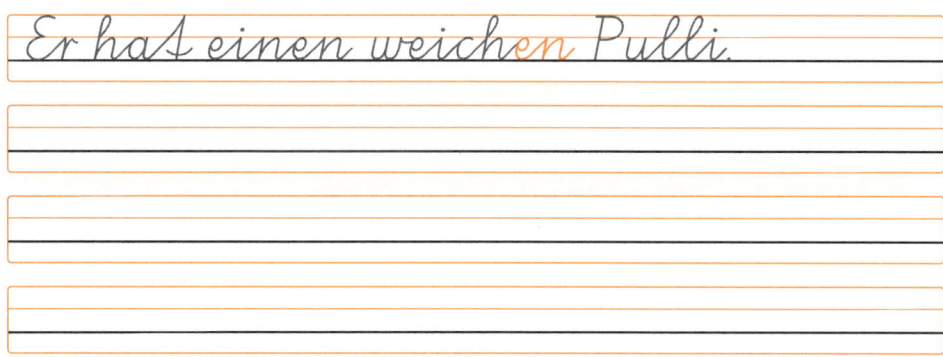

Er hat einen weichen Pulli.

warm
lang
dunkel
sauber

Er hat ein warmes Hemd.

Wörter mit stummem h

→ 70

Bei **fahren** kann man das **h** nicht hören.

Höre genau auf den Vokal vor dem h. Was fällt dir auf?

Wörter mit **stummem h** musst du dir merken.

1 Schreibe die Wörter in die Zeilen. Markiere den Vokal und das stumme h.

Jahr
Uhr
sehr
Zahn
zehn
Sohn
Kuh
fahren

2 Ordne die verwandten Wörter richtig zu.

die Fahrt   zahlen   wohnt   die Zahl   fährt
fahren   zahlt   die Wohnung   wohnen

h	h	h
die Fahrt	die Zahl	die Wohnung

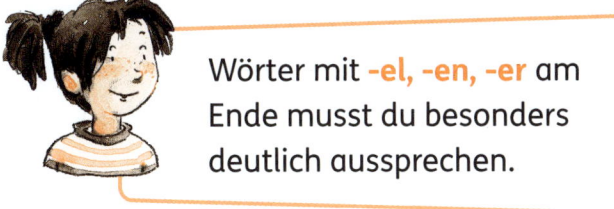

Wörter mit **-el, -en, -er** am Ende musst du besonders deutlich aussprechen.

Gab**el**
Reg**en**
Mess**er**

1 Sprich die Wörter deutlich in Silben und schreibe sie auf. Vergiss den Vokal in der Endung nicht!

2 Ordne die Wörter aus Aufgabe **1** in die richtigen Spalten ein.

-el   -en   -er

3 Setze die richtige Endung ein. Markiere den Vokal in der Endung.

Flüg _____   Gart _____   Käf _____   Es _____

Reif _____   Fed _____   Pins _____   Mädch _____

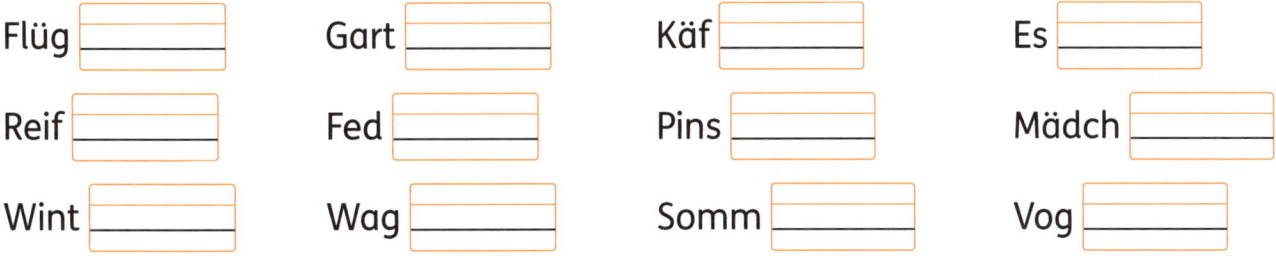

Wint _____   Wag _____   Somm _____   Vog _____

4 Findet noch mehr Wörter mit **-el, -en, -er.**

Tier
Pap**ie**r

Die meisten Wörter, in denen du ein **langes i** hörst, werden mit **ie** geschrieben. **ie** steht oft am Ende der ersten Silbe.

1 📖💬 Übt die folgenden Wörter. Wechselt euch ab.

DEUTLICH SPRECHEN	ZUDECKEN, SCHREIBEN	VERGLEICHEN, VERBESSERN
Brief		
Papier		
Wiese		
liegen		
spielen		
Ziege		
Biene		
Tier		

2 Reimwörter mit **ie**.

Biene   Wiese   liegen   kriechen

 *Sch*

 *R*

 *s*

r

3 Finde weitere Wörter mit **ie**.

mir
dir
wir

ihr
ihm
ihnen

Diese Wörter musst
du dir besonders
gut merken.

1 Setze **mir**, **dir**, **wir** richtig ein.

Susi will mit Martin im Wald spielen.

Sie fragt Martin:

Wollen _____ heute am Nachmittag im Wald spielen?

Kommst du zu _____ oder soll ich zu _____ kommen?

Dann können _____ gemeinsam zu unserem Lieblingsplatz gehen.

Ich helfe _____ , die Laubhütte zu bauen.

Hilfst du _____ bei meinem Staudamm?

Das wird ein schöner Tag!

2 Setze **ihr**, **ihm**, **ihnen** richtig ein.

Als Papa am Abend nach Hause kommt, erzählen Susi und Martin _____ ,

was sie heute erlebt haben. Sie fragen Papa, ob er _____ noch eine

Geschichte vorliest. Susi holt _____ Lieblingsbuch.

 ☆ Bilde eigene Sätze mit **mir**, **dir**, **wir** oder **ihr**, **ihm**, **ihnen**.

1 Schreibe immer das Gegenteil.

klein	alt
hoch	kurz
dick	schwer

?

jung	groß
leicht	niedrig
dünn	lang

klein –

 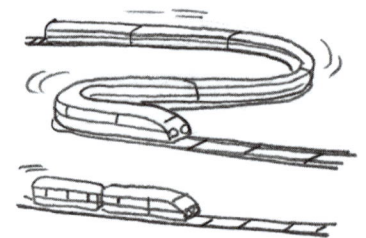 

2 Schreibe die Gegensatzpaare aus Aufgabe **1** ab. Unterstreiche die Adjektive.
Was verändert sich?

Schreibe so: *die kleine Maus – der große Elefant ...*

3 Suche immer das Gegenteil: leise, heiß, hell, schnell, hart.
Überlege dir passende Nomen dazu. Schreibe dann wie bei Aufgabe **2**.

1 Unterstreiche alle Adjektive. . . . .

| neu schwimmen Auge schön Bauch singen Ente spannend |

2 Setze die Adjektive aus Aufgabe **1** richtig in die Sätze ein.
Achte auf die passende Form. . . . .

Das _____ Kleid ist nass.

Das _____ Auto fährt schnell.

Ich lese in meinem _____ Buch.

3 Setze ein: **ie** oder **i**? . . . .

Ich laufe durch das Z___l. Alle w___nken und jubeln.

Es geht m___r gut, denn ich habe gewonnen. Jetzt l___ge ich auf der W___se.

Auch Umut freut sich. Er hat die S___lbermedaille gewonnen.

4 Rätsel: Noch mehr lange Vokale! . . . .

Ich schneide mit der Sch_____.

Von Montag bis Freitag gehen wir in die Sch_____.

Mit einer U_____ kannst du die Zeit messen.

5 Finde Gegensatzpaare. . . . .

alt – _____   eckig – _____

schnell – _____   leicht – _____

 **1.** neu, schön, spannend
2. Das schöne Kleid ist nass. Das neue Auto fährt schnell. Ich lese in meinem spannenden Buch.
3. Ziel winken mir liege Wiese Silbermedaille
4. Schere Schule Uhr | **5.** alt – jung schnell – langsam eckig – rund leicht – schwer

Arm
warten
Eltern

Manchmal kannst
du das r nach
einem Vokal nicht
deutlich hören.

Sprich besonders
deutlich, damit du
das r nicht vergisst.

1 Schreibe die Wörter auf. Markiere den Vokal und das **r** farbig.

2 Trenne die Wörter in Silben. Markiere den Vokal und das **r** farbig.

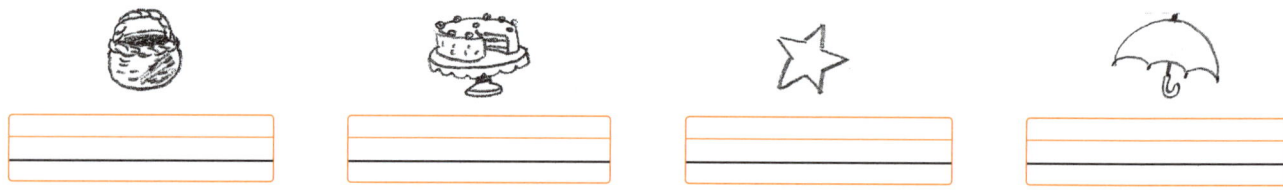

| Wurzel | lernen | Körper | Karte | warten | Birne | Erde |

Wur-zel

3 Setze die Silben richtig zusammen.

Gar	wort
El	ten
Ant	ze
Schür	tern

4 Lass dir die Wörter aus Aufgabe **3** von einem anderen Kind diktieren.
Verbessert gemeinsam.

Am Nachmittag malt Lena eine Blume.

Wenn du etwas erzählst, schreibst du am Satzanfang groß. Am Satzende machst du einen **Punkt**.

1 Verbinde richtig.

Gestern hat Susi von   zum Geburtstag geschenkt

Ihre Oma hat sie ihr   die Uhrzeit abzulesen

Jetzt muss Susi lernen   Oma eine neue Uhr bekommen

2 Schreibe die Geschichte aus Aufgabe **1** richtig ab.
Denke an den Punkt am Satzende und markiere ihn rot.

3 Lies die Geschichte. In jeder Zeile stehen zwei Sätze.
Wo fängt der neue Satz an? Ziehe einen Strich.

Oma kommt am Nachmittag Susi will mit Oma in den Garten

Sie spielen mit dem Ball danach gehen sie noch auf den Spielplatz

Susi schaukelt den ganzen Nachmittag müde gehen sie am Abend heim

4 Schreibe die Geschichte aus Aufgabe **3** richtig ab. Schreibe die Satzanfänge groß.
Denke an den Punkt am Satzende. Markiere beides farbig.

☆ Alles ist durcheinandergeraten! Schreibe die Sätze richtig auf.
Schreibe die Satzanfänge groß. Denke an den Punkt.

wünscht eine Susi sich Uhr

Geburtstag bald hat sie

6 wird alt Jahre Susi

Oma ihre Geburtstagsfest zu kommt dem

51

1 In der Geschichte fehlen alle Punkte. Setze immer dort einen Punkt, wo ein Satz zu Ende ist. Übermale das erste Wort in jedem Satz mit einem Großbuchstaben.

Eine Wanderung im Frühling

an einem schönen Frühlingstag steigen

Vera und Tian auf einen nahen Berg

auf einer Wiese sehen sie bunte Blumen

die Kinder legen sich ins Gras

jetzt können sie auch Bienen summen hören

dann wandern die Kinder durch einen grünen

Wald plötzlich springt ein Reh über ihren Weg

sie laufen ihm nach doch das Reh ist viel

schneller als die Kinder

2 Schreibe die Geschichte richtig auf.

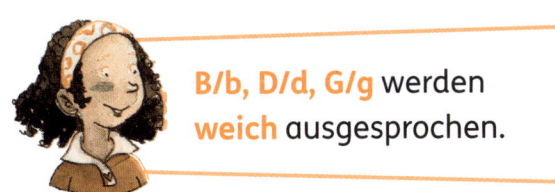

B/b, D/d, G/g werden **weich** ausgesprochen.

Mit einem Blatt Papier kannst du dich testen.

1   Halte dir ein Blatt Papier vor den Mund und sprich die Wörter.
Du machst es richtig, wenn sich das Blatt nicht bewegt.

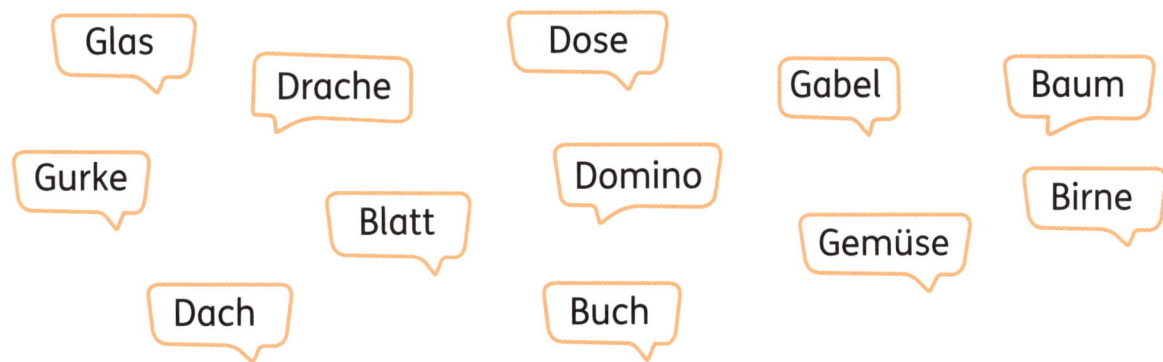

Glas   Dose   Gabel   Baum

Drache   Domino   Birne

Gurke   Blatt   Gemüse

Dach   Buch

2   Schreibe die Wörter aus Aufgabe **1** geordnet auf.

B/b	D/d	G/g
Birne		

3   Suche in der Wörterliste weitere Wörter mit **B/b, D/d, G/g** am Anfang.
Schreibe sie auf und markiere die Anlaute.

Oh je, ich finde kein Osterei!

Wenn du aufschreiben willst, was jemand ruft, setzt du am Ende des Satzes ein **Ausrufezeichen**.

1 Die Kinder suchen Ostereier. Was könnten sie dabei rufen? Schreibe Sätze auf. Die Wörter im Kasten helfen dir dabei. Denke an das Ausrufezeichen am Ende.

| oh je | juhu | oh weh | toll | super | spitze | hurra |

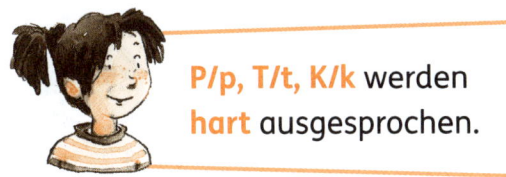

P/p, T/t, K/k werden **hart** ausgesprochen.

Mit einem Blatt Papier kannst du dich testen.

1 Halte dir ein Blatt Papier vor den Mund und sprich die Wörter.
Du sprichst richtig, wenn sich das Blatt bewegt.

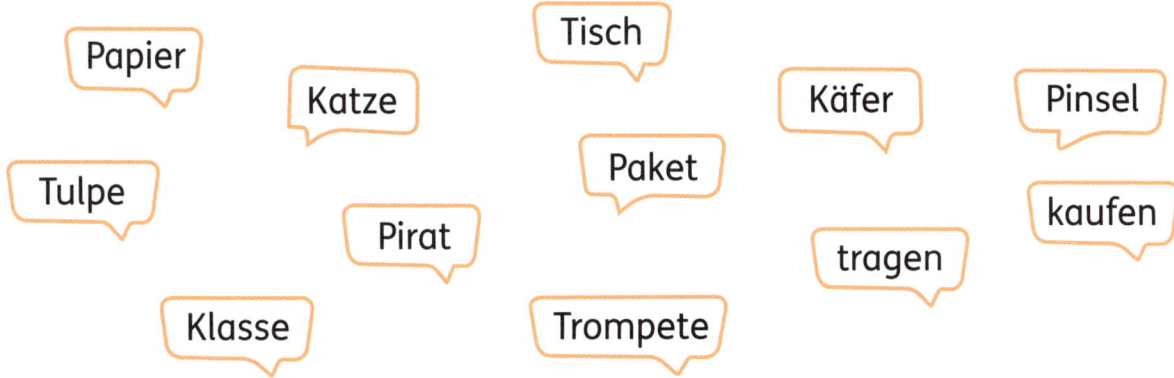

Papier

Tisch

Katze

Käfer

Pinsel

Paket

Tulpe

kaufen

Pirat

tragen

Klasse

Trompete

2 Schreibe die Wörter aus Aufgabe **1** geordnet auf.

P/p	T/t	K/k
Papier		

3 Suche in der Wörterliste weitere Wörter mit **P/p, T/t, K/k** am Anfang.
Schreibe sie auf und markiere die Anlaute.

Wer? Wann? Wo?
So viele Fragen …

Wenn du eine Frage aufschreibst, musst du am Ende ein **Fragezeichen** setzen.

1 Lena und Erol haben so viele Fragen. Setze das richtige Fragewort ein.

wie viele	welcher	was	welche	wann	wo

_____ ist ein Kakadu?

_____ werden Äpfel reif?

_____ Monat kommt vor dem Oktober?

_____ liegt Afrika?

_____ Tiere leben in Afrika?

_____ Monate hat das Jahr?

2 So ein Durcheinander! Schreibe die Fragen richtig auf.

ein wo Löwe lebt ?

_____

_____

Farbe der Himmel welche hat ?

_____

_____

Beine Spinne hat wie viele eine ?

_____

_____

3 Findet passende Antworten auf die Fragen aus Aufgabe **2**.

Schau dir die saftigen Erdbeeren an!

Wenn du jemanden aufforderst etwas zu tun, schreibst du am Ende des Satzes ein **Ausrufezeichen**.

1 Schreibe auf, wozu die Marktfrau ihre Kunden auffordert.
Denke an das Ausrufezeichen am Ende.

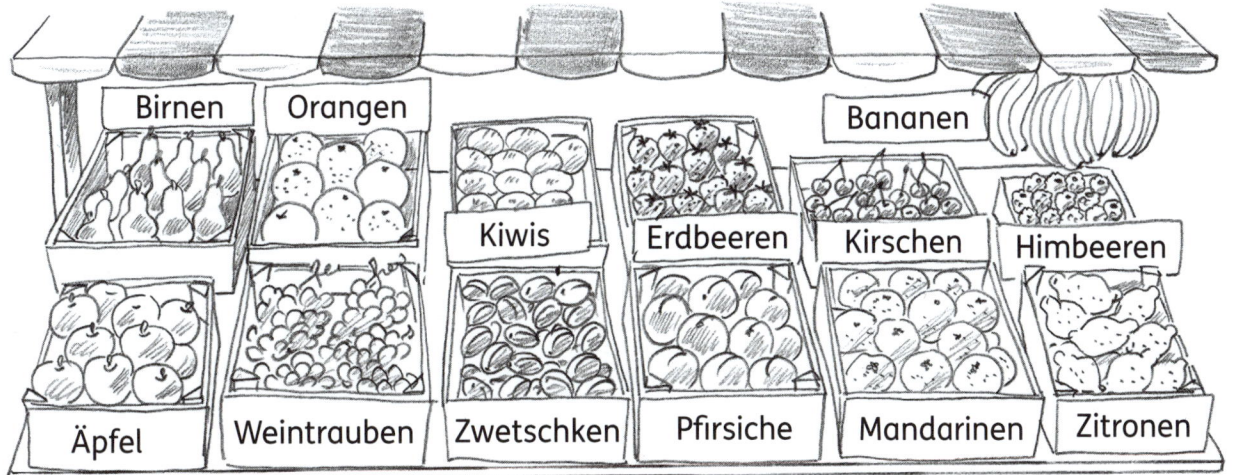

Kauft frische Weintrauben   Probiert die saftigen Erdbeeren

Sucht euch schöne Kirschen aus   Schaut euch die knackigen Äpfel an

2 Seid ihr schon einmal auf einem Markt gewesen? Spielt eine Szene nach.

Wörter mit x, y und qu

Welche Regel gibt es für **x, y** und **qu**?

Hier gibt es keine Regel.
Bei diesen Wörtern musst du dir
die Aufpassstelle genau merken.

1 Schreibe die Wörter im Kasten zu den passenden Bildern.

| Quadrat | quaken | Teddy | Xylophon | Lexikon | Hexe |

Du hörst **ks**, aber
du schreibst **x**.

Du hörst **kw**, aber
du schreibst **qu**.

Du hörst **ü**, aber
du schreibst **y**.

Du hörst **i**, aber
du schreibst **y**.

2 Lass dir von einem Kind die Wörter aus Aufgabe **1** diktieren.
Verbessert gemeinsam.

3 Schreibe mit jedem Wort aus Aufgabe **1** einen Satz.

1 Schreibe das richtige Satzzeichen in die Sprechblasen.

Treffen wir
uns heute

Gehen wir auf
den Spielplatz

Soll ich am Nachmittag
zu dir kommen

59

2 So ein Durcheinander! Ordne jeder Frage die richtige Antwort zu. Verbinde.

Gehen wir auf die Rutsche?   Nein, der ist mir zu hoch.

Wollen wir auf den Kletterstein?   Nein, ich will lieber Federball spielen.

Spielen wir Fußball?   Nein, ich nehme das Fahrrad mit.

Nimmst du den Roller mit?   Nein, schaukeln wir lieber.

3 Schreibe zu jeder Antwort eine passende Frage auf.

Nein, ich habe keinen Hunger.

Ja, der Ball liegt hinter dem Regal.

Nein, ich ziehe die rote Hose nicht an.

4 Findet noch mehr Fragen und Antworten.

1 Schreibe die Wörter auf. ·

2 Schreibe den Satz richtig auf. ·

ein Geschenk Martin schönes bringt mit .

3 Welches Fragewort passt? Setze ein. ·

überwintert das Eichhörnchen?

macht der Igel im Winter?

Tiere halten Winterschlaf?

4 Setze die richtigen Satzzeichen ein. ·

Martin ist hingefallen ___   Oh weh, es blutet___   Hat er sich verletzt___

Mama kommt ___   Soll sie ein Pflaster holen___   Aua___

Martin hat große Schmerzen___

---

1. **Korb   Torte   Stern** | 2. Martin bringt ein schönes Geschenk mit.
3. **Wo   Was   Welche**

60 4. Martin ist hingefallen. Oh weh, es blutet! Hat er sich verletzt?
   Mama kommt. Soll sie ein Pflaster holen? Aua! Martin hat große Schmerzen.

die Bäume – der Baum
die Häuser – das Haus

Denke bei einem Wort mit äu immer an ein verwandtes Wort mit au.

1 Schreibe jeweils die Mehrzahl auf. Markiere die Veränderungen farbig.

Maus   *Mäuse*   Traum

Haus   Bauch

Laus   Zaun

2 Setze das passende Wort mit **au** ein.

Eine kleine _____ schlüpft durch

den _____ .

In dem Garten steht ein _____ mit Äpfeln.

Unter einem _____ liegt einen Katze.

Sie schläft und hat einen schönen _____ .

3 Schreibe die Geschichte verändert ab. Setze alle **au**-Wörter in die Mehrzahl.

Schreibe so: *Viele kleine Mäuse schlüpfen …*

Achtung: Es verändert sich noch mehr!

4 Suche in der Wörterliste weitere Wörter mit **äu**. Markiere **äu** farbig und schreibe die verwandten Wörter mit **au** auf.

Schreibe so: *das Haus – die Häuser*

Wörter mit V/v

→ 110

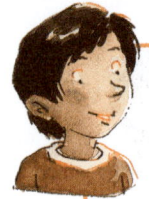

Bei Vogel hört man am Anfang ein **F** schreibt aber ein **V**.

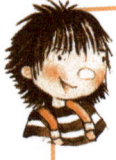

Wörter mit **V/v** musst du dir besonders gut merken.

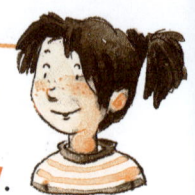

Bei Vase hört man am Anfang ein **W** schreibt aber ein **V**.

1 Ordne richtig zu. Schreibe die Wörter, bei denen das **V** wie ein **W** gesprochen wird, in die Vase, Wörter bei denen das **V** wie ein **F** gesprochen wird, in den Vogel.

Pullover	November	viel	versuchen	Advent	vor	vielleicht
vorlesen	Vulkan	Vampir	verstehen	vier	Verkehr	Klavier

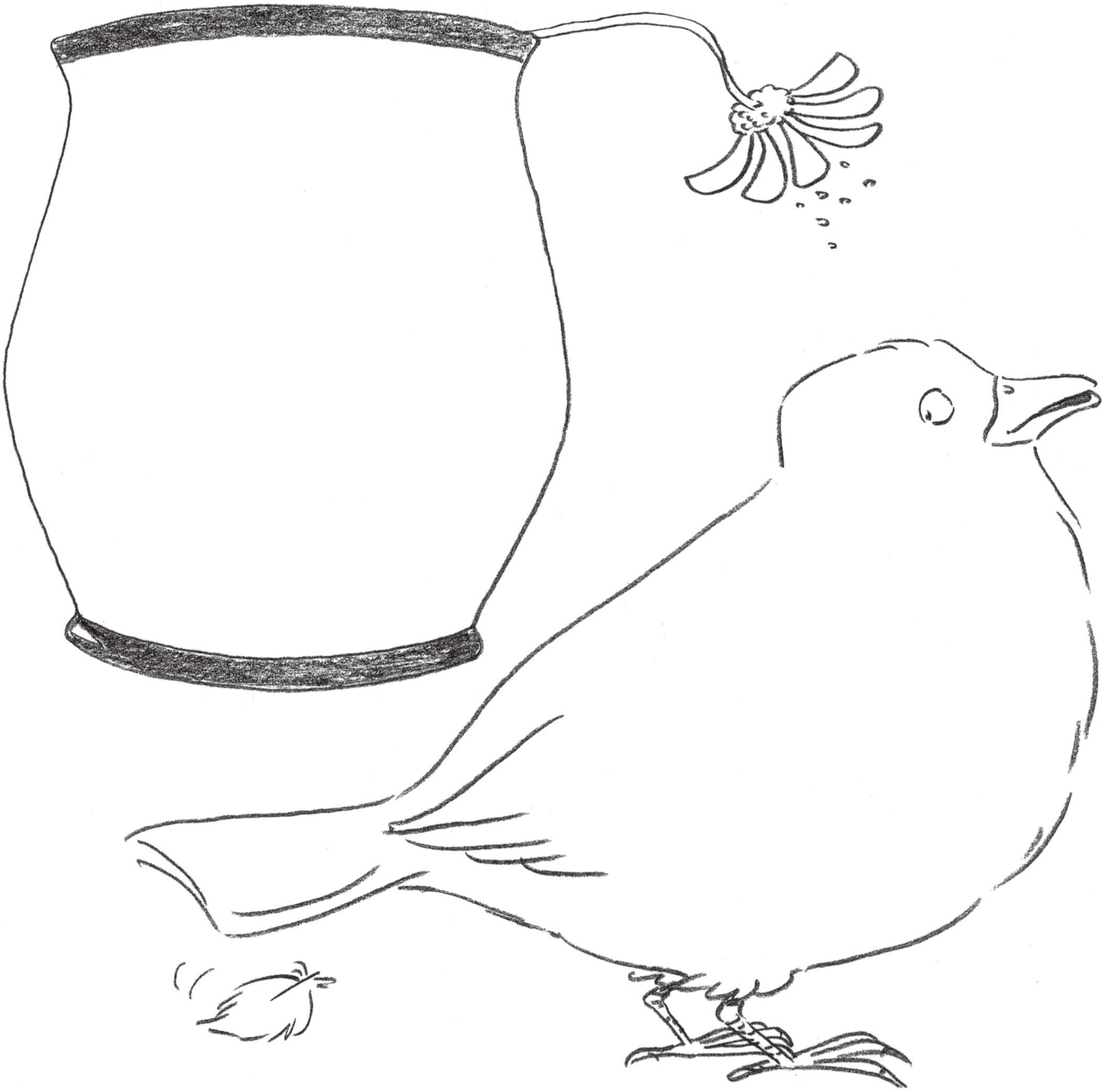

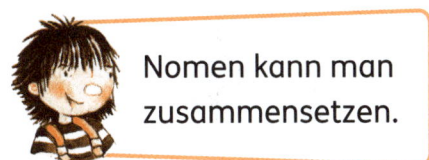
Nomen kann man zusammensetzen.

Fuß und **Ball** ergibt **Fußball**.

1 Bilde zusammengesetzte Nomen. Schreibe die Wörter in die Zeilen.

Käse
Wurst

Baum
Holz

Winter
Sommer

2 Aus zwei mach eins. Schreibe die zusammengesetzten Nomen auf.

Hand
Wasser
Ball
Fuß
Feder

3 Aus eins mach zwei. Zerlege die zusammengesetzten Nomen.

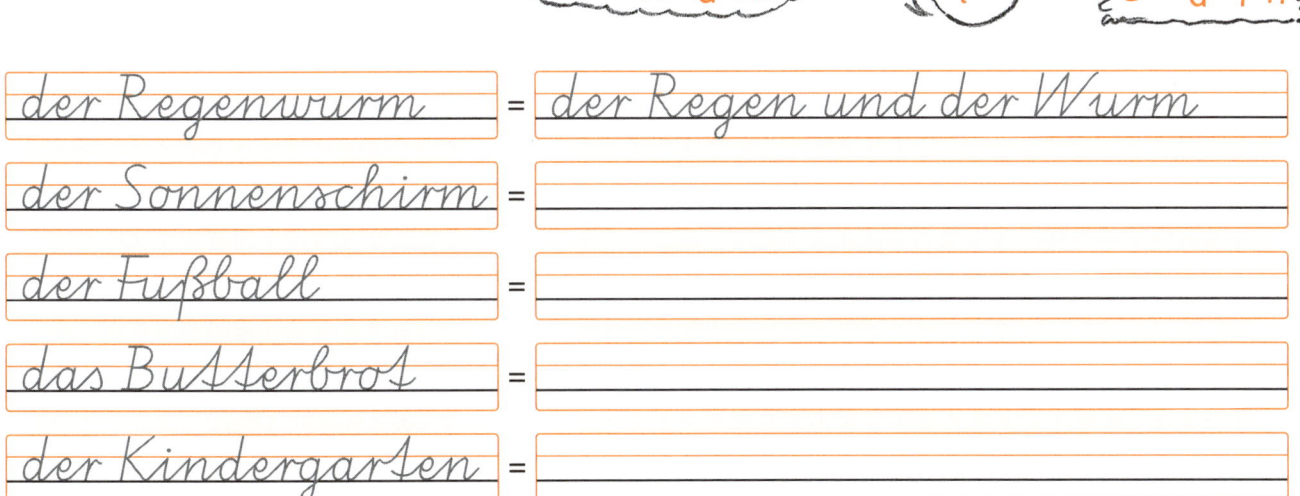

der Regenwurm = der Regen und der Wurm

der Sonnenschirm =

der Fußball =

das Butterbrot =

der Kindergarten =

Fremdwörter

Baby
Cent
Lexikon

Diese **Wörter** kommen **aus anderen Sprachen**. Sie werden anders geschrieben, als man sie spricht.

Du musst dir gut merken, wie man sie schreibt.

1 Setze die fehlenden Wörter ein.

> Thermometer Pizza Lexikon Baby Computer Cent Teddy Pommes Euro

Die Mutter hält ihr _____ im Arm.

Papa arbeitet am _____ .

Das kleinste Geldstück ist ein _____ .

In Italien isst man _____ .

Das Spielzeugauto kostet fünf _____ .

Wenn ich ein Wort nicht kenne, schlage ich im _____ nach.

Beim Schlafen hält Susi ihren _____ im Arm.

Alle Kinder essen gern _____ .

Wenn ich wissen will, wie kalt oder warm es ist, schaue ich auf

das _____ .

2 Schreibe zu drei Fremdwörtern aus Aufgabe **1** einen Satz.

☆ Welche Fremdwörter kennt ihr noch? Gestaltet ein Plakat.

Ecke   Katze
Hecke   Satz

Wie klingt der Vokal
vor **ck** und **tz**?

1 Schreibe die Wörter auf.

      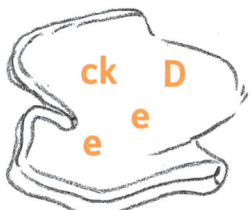   

2 Schreibe die Wörter ab. Markiere die kurz gesprochenen Laute farbig.

Schatz   backen   Satz   dick   sitzen

3 Finde Reimwörter.

stecken   Ka ____ e   ni ____ en   gu ____ en

w _____   T _____   bl _____   j _____

4 Setze richtig ein.

 Schne ____ e   Mü ____ e    Ja ____ e

 Sto ____   Spri ____ e   Spa ____

> Straße
> heißen
> süß

> ß steht oft nach einem lang gesprochenen Vokal, Zwielaut oder Umlaut.

1 Setze **ß** ein und ziehe es farbig nach.

die Stra __ e   der Fu __   der Gru __   sto __ en   hei __ en

grü __ en   gro __   wei __   hei __   sü __

2 Schreibe die Wörter ab. Markiere die lang gesprochenen Laute farbig.

Straße   Fuß   grüßen   stoßen   heißen

3 Setze die passenden Nomen und Verben mit **ß** ein.

auf der _____ fahren

ein Tier mit vielen _____, freundlich _____

im Gedränge nicht _____

Wie heißt du? Ich _____ _____.

4 Adjektive mit **ß**:

groß   *große Häuser,*   Häuser / Schiffe

weiß   _____   Hemden / Blusen

süß   _____   Torten / Trauben

heiß   _____   Suppen / Maroni

1 Schreibe die Wörter in der Mehrzahl auf. . . . .

der Bauch   *die*   der Zaun   *die*

die Laus   *die*   die Maus   *die*

2 Schreibe die Wörter in die richtigen Spalten. . . . .

| Pullover | viel | November | Vampir | Vater | Verkehr |

V/v wird wie **F** gesprochen   V/v wird wie **W** gesprochen

3 Setze die Nomen sinnvoll zusammen. . . . .

| Hand | Hose | Feder | Schuh | Salat | Strumpf | Ball | Schüssel |

4 Schreibe die Wörter auf. . . . .

1. die Bäuche   die Läuse   die Zäune   die Mäuse
2. F viel, Vater, Verkehr   W Pullover, November, Vampir
3. Handschuh   Strumpfhose   Federball   Salatschüssel
4. Baby   Pizza   Teddy

67

Komisch: Beim Sprechen höre ich bei Hand ein **t**, aber ich schreibe ein **d**.

Du musst das Wort verlängern, dann hörst du das **d**.
die Han**d** – die Hän**d**e
Manchmal entsteht dabei auch ein Umlaut.

1 Sprich die Wörter zu den Bildern deutlich in der Einzahl und in der Mehrzahl.

2 Schreibe die Wörter aus Aufgabe **1** in der Einzahl und in der Mehrzahl auf. Markiere **b**, **d**, **g** farbig.

*das Kin**d** – die Kin**d**er*

3 Setze ein: **g** oder **k**, **d** oder **t**, **b** oder **p**?

der Aben____	die Nach____	das Fel____	der Ta____
das Lich____	der Die____	der Sta____	der Mun___
das Wor____	die Wurs____	das Sie____	das Ra____

sie sagt
Das **g** klingt wie **k**.

Sagt kommt von **sagen**.
Bilde die Grundform. Dann
trenne die Wörter wieder.

1 Bilde die Grundform. Schreibe die Wörter dann getrennt auf. Markiere **b/p** oder **g/k**.

b oder p?   er blei ____ t   *bleiben   blei-ben*

g oder k?   er flie ____ t

g oder k?   er le ____ t

b oder p?   er lo ____ t

g oder k?   er trin ____ t

g oder k?   er pfle ____ t

2 Schreibe die Grundform.

er schlägt   →

es fängt an   →

sie trägt   →

Manchmal
entsteht ein
Umlaut!

3 Schreibe die Wörter aus Aufgabe **1** und **2** ab. Markiere **b/p** oder **g/k** farbig.

bleiben – er bleibt

Wörter mit doppeltem Konsonant

→ 134

Im Sommer schwimmen wir im Wasser.

Wie klingt der Vokal vor einem doppelten Konsonant?

Wörter mit **doppeltem Konsonant** musst du dir merken.

1 Suche in den Sätzen alle Wörter mit **mm**, **nn**, **ss**, **ll**, **tt** und ziehe sie farbig nach.

Julia sucht ihren Ball.

Viele Kinder sind im Schwimmbad.

Olga kann gut tauchen.

Felix isst Eis.

Tim fürchtet sich vor dem Wasser.

Jana taucht bis zur Mitte.

Die Mutter liegt in der Sonne.

Lukas schwimmt sehr schnell.

2 Schreibe die Wörter mit doppeltem Konsonant aus **1** auf.

mm	nn	ll	ss	tt

3 Setze die Wörter aus den Silben richtig zusammen. Finde das passende Reimwort.

Schüs	pe	se	Son	Pup	ne	Ton	pe
Schlüs	Sup	sel	se	sel	Tas	ne	Klas

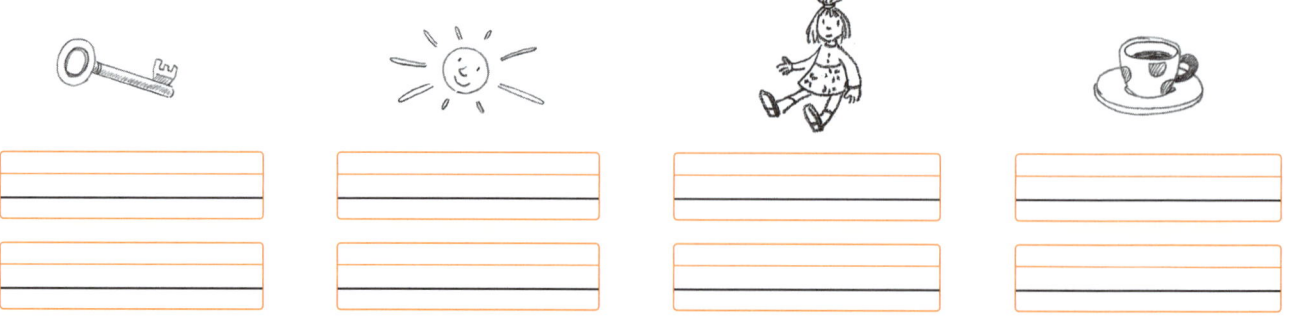

4 Überlegt euch Wörter mit **ff** und **rr**. Schreibt sie auf und markiert den doppelten Konsonanten farbig.

 Nu**ss**
Flu**ss**
Ku**ss**

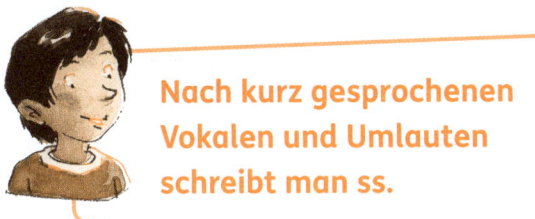 **Nach kurz gesprochenen Vokalen und Umlauten schreibt man ss.**

Wörter mit **ss** musst du dir gut merken.

1 Kreise verwandte Wörter in derselben Farbe ein und ziehe **ss** nach.

Nuss	(Küsse)	(Kuss)	Schuss	Schüsse	Fluss
Schloss	Nüsse	Flüsse	Fässer	Schlösser	Fass

2 Sprich die Wörter aus Aufgabe **1** deutlich.
Setze einen Punkt unter den kurz gesprochenen Laut.

Schreibe so: *die Nu̥ss – die Nü̥sse …*

3 Immer zwei Wörter gehören zusammen.

(fressen)	essen	vergessen	isst
misst	vergisst	messen	(frisst)

fressen – fr_____

_____

Tiere fr_____. Menschen e_____. Nichts verg_____!

Genau m_____! Ein Hase fr_____. Leonie _____.

Felix v_____ sein Heft. Ali m_____ mit dem Lineal.

4 Suche weitere Wörter mit **ss**. Die Wörterliste hilft dir dabei.

71

Wortstamm

→ 133

Wörter können miteinander verwandt sein.

fahren
Fahrt
ver**fahr**en

Der Wortstamm hilft dir, Wörter richtig zu schreiben.

1 Kreise den Wortstamm ein und ordne richtig zu.

WOHN

wohnen

lesen

sehen

hören

zusehen

vorlesen

der Hörer

bewohnen

das Lesebuch

fernsehen

das Wohnhaus

hörbar

vorsehen

wohnlich

die Leserin

zuhören

leserlich

das Hörbuch

die Wohnung

der Fernseher

LES

HÖR

SEH

Wenn du den **Wortstamm** kennst, kannst du alle verwandten Wörter leicht schreiben.

Fahrzeug, weg**fahr**en, Aus**fahr**t …

 1 Bilde mit den Wortbausteinen und dem Wortstamm Wörter.
Markiere den Wortstamm so: Fahrstuhl, Ausfahrt …

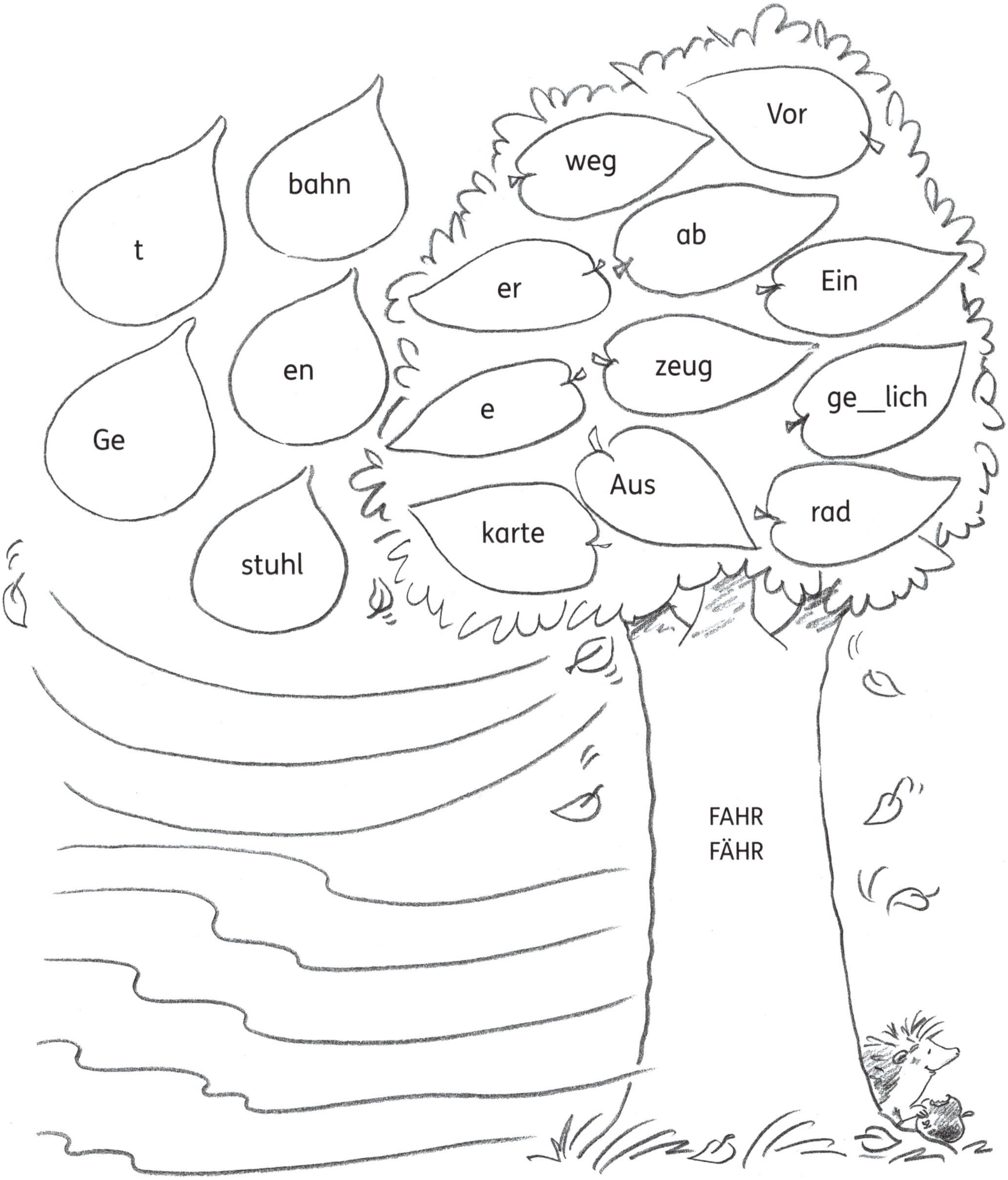

bahn

t

Vor

weg

ab

er

Ein

en

zeug

Ge

e

ge__lich

Aus

rad

karte

stuhl

FAHR
FÄHR

1 Schreibe die eingerahmten Wörter immer an den Anfang des Satzes.
Was fällt dir auf? Achte auf die Reihenfolge der anderen Wörter.

Ein Unglückstag

Max hat [heute] viel Pech.

Heute

Er hört [am Morgen] den Wecker nicht.

Der Junge verliert [am Vormittag] seinen Füller.

Er versäumt [am Mittag] den Bus.

Max kann [am Nachmittag] nicht mit seinem Freund spielen.

Der Pechvogel darf [am Abend] nicht fernsehen.

Er fällt [in der Nacht] aus dem Bett.

1 **g** oder **k**? **d** oder **t**? Ergänze. ·

Fel___   Aben___   Augus___   Zei___   Wor___   We___   Saf___

Pfer___   Bro___   Bil___   Quadra___   Cen___   Diensta___   Nach___

Obs___   Kin___   Gesich___   Hun___   Gel___   Stif___   Freun___

2 Schreibe die Wörter aus Aufgabe **1** nach **g, k, d, t** geordnet auf. · · · · · · · · · · · · · · · ·

3 Hier fehlen kurze Vokale. Setze ein. ·

Im S __ mmer steht die S __ nne hoch am H __ mmel.

Sie strahlt und scheint sehr h __ ll.

Ein Schm __ tterling fliegt im Garten herum.

Tim r __ nnt ins Haus. Er m __ ss noch seine Hausaufgaben machen.

Dann darf er ins W __ sser springen.

4 Schreibe den Text aus Aufgabe **3** richtig ab. Markiere die Aufpassstellen. · · · · · · · · ·

5 Finde je drei Wörter mit gleichem Wortstamm. ·

fangen	bauen	gehen

1. Feld Abend August Zeit Wort Weg Saft
Pferd Brot Bild Quadrat Cent Dienstag Nacht
Obst Kind Gesicht Hund Geld Stift Freund
3. Sommer Sonne Himmel hell Schmetterling rennt muss Wasser

75

Wörterliste

A a

der **Abend**, die Abende
aber
acht
alle
als
also
alt
die **Ameise**, die Ameisen
die **Ampel**, die Ampeln
antworten, er antwortet
der **Apfel**, die Äpfel
der **April**
arbeiten, sie arbeitet
der **Ast**, die Äste
auf
die **Aufgabe**, die Aufgaben
aufpassen, er passt auf
das **Auge**, die Augen
der **August**
aus
das **Auto**, die Autos

B b

das **Baby**, die Babys
backen, er bäckt
baden, sie badet
der **Ball**, die Bälle
die **Bank**, die Bänke
der **Bauch**, die Bäuche
bauen, sie baut
der **Baum**, die Bäume
bei
das **Bein**, die Beine
bewegen, er bewegt
die **Biene**, die Bienen
das **Bild**, die Bilder
die **Birne**, die Birnen
bitten, er bittet
das **Blatt**, die Blätter
blau
bleiben, es bleibt
die **Blume**, die Blumen

blühen, es blüht
die **Blüte**, die Blüten
der **Boden**, die Böden
böse
brauchen, sie braucht
braun
der **Brief**, die Briefe
bringen, er bringt
das **Brot**, die Brote
der **Bruder**, die Brüder
der **Bub**, die Buben
das **Buch**, die Bücher
bunt
der **Busch**, die Büsche

C c

der **Cent**, die Cent
der **Clown**, die Clowns
der **Computer**, die Computer

D d

da
danken, sie dankt
das
denken, er denkt
denn
der
des
der **Dezember**
dich
dick
die
der **Dienstag**, die Dienstage
dir
doch
der **Donnerstag**, die Donnerstage
die **Dose**, die Dosen
drei
du
dunkel
durch
dürfen, sie darf

E e

das **Ei**, die Eier

eins

das **Eis**

elf

die **Eltern**

das **Ende**, die Enden

eng

die **Ente**, die Enten

er

die **Erde**

es

der **Esel**, die Esel

essen, sie isst

die **Eule**, die Eulen

der **Euro**, die Euros

F f

fahren, er fährt

fallen, sie fällt

die **Familie**, die Familien

der **Februar**

die **Feder**, die Federn

fein

das **Feld**, die Felder

das **Fenster**, die Fenster

finden, sie findet

der **Finger**, die Finger

fliegen, er fliegt

der **Flügel**, die Flügel

flüssig

fragen, sie fragt

die **Frau**, die Frauen

der **Freitag**, die Freitage

fremd

freuen, er freut sich

der **Freund**, die Freunde

frisch

die **Frucht**, die Früchte

der **Frühling**

der **Füller**, die Füller

fünf

für

der **Fuß**, die Füße

G g

die **Gabel**, die Gabeln

der **Garten**, die Gärten

geben, sie gibt

gehen, er geht

gelb

das **Geld**

das **Gemüse**

das **Gesicht**, die Gesichter

gestern

gesund

das **Gras**, die Gräser

groß

grün

gut

H h

das **Haar**, die Haare

haben, sie hat

der **Hai**, die Haie

hart

der **Hase**, die Hasen

das **Haus**, die Häuser

die **Hecke**, die Hecken

heiß

heißen, er heißt

helfen, sie hilft

hell

das **Hemd**, die Hemden

her

der **Herbst**

der **Herr**, die Herren

heute

die **Hexe**, die Hexen

der **Himmel**

hinter

hoch

holen, er holt

hören, sie hört

die **Hose**, die Hosen

der **Hund**, die Hunde

hundert

I i

ich
der **Igel**, die Igel
ihm
ihn
ihnen
ihr
im
immer
in

J j

ja
das **Jahr**, die Jahre
der **Januar**
der **Juli**
der **Junge**, die Jungen
der **Juni**

K k

der **Käfer**, die Käfer
der **Kaiser**, die Kaiser
kalt
die **Katze**, die Katzen
kaufen, er kauft
das **Kind**, die Kinder
die **Kiste**, die Kisten
die **Klasse**, die Klassen
das **Kleid**, die Kleider
klein
kommen, sie kommt
können, er kann
der **Kopf**, die Köpfe
der **Körper**, die Körper
krank
die **Kuh**, die Kühe

L l

laufen, er läuft
laut
leben, sie lebt
legen, er legt
leicht

leise
lernen, er lernt
lesen, sie liest
die **Leute**
das **Lexikon**
das **Licht**, die Lichter
lieben, er liebt
liegen, es liegt
der **Löwe**, die Löwen

M m

machen, sie macht
das **Mädchen**, die Mädchen
der **Mai**
malen, er malt
man
der **Mann**, die Männer
der **März**
die **Maus**, die Mäuse
mir
mit
der **Mittwoch**, die Mittwoche
der **Monat**, die Monate
der **Montag**, die Montage
morgen
der **Mund**, die Münder
müssen, es muss
die **Mutter**, die Mütter

N n

nach
die **Nacht**, die Nächte
die **Nadel**, die Nadeln
der **Name**, die Namen
die **Nase**, die Nasen
der **Nebel**
nehmen, er nimmt
nein
neu
neun
nicht
der **November**
nun
nur

O o

das **Obst**
oder
der **Oktober**
die **Oma**, die Omas
der **Onkel**, die Onkel
der **Opa**, die Opas
Ostern

P p

der **Partner**, die Partner
die **Pause**, die Pausen
das **Pferd**, die Pferde
die **Pflanze**, die Pflanzen
pflegen, sie pflegt
der **Pinsel**, die Pinsel
die **Pizza**, die Pizzen
der **Platz**, die Plätze
die **Puppe**, die Puppen

Qu qu

das **Quadrat**, die Quadrate
quaken, er quakt
der **Quatsch**
die **Quelle**, die Quellen

R r

der **Rabe**, die Raben
die **Raupe**, die Raupen
rechnen, er rechnet
reden, sie redet
der **Regen**
reich
reisen, sie reist
der **Ring**, die Ringe
der **Rock**, die Röcke
rollen, er rollt
rot
der **Rücken**, die Rücken
rufen, er ruft

S s

der **Saft**, die Säfte
sagen, sie sagt

das **Salz**, die Salze
der **Samstag**, die Samstage
der **Satz**, die Sätze
das **Schaf**, die Schafe
schauen, er schaut
scheinen, sie scheint
die **Schere**, die Scheren
schlafen, sie schläft
schlagen, er schlägt
der **Schnee**
schneiden, er schneidet
schnell
schon
schön
schreiben, sie schreibt
schreien, er schreit
die **Schule**, die Schulen
schwarz
die **Schwester**, die Schwestern
sechs
der **See**, die Seen
sehen, sie sieht
sehr
die **Seife**, die Seifen
sein, er ist
der **September**
sie
sieben
singen, sie singt
sitzen, er sitzt
so
der **Sohn**, die Söhne
sollen, sie soll
der **Sommer**, die Sommer
die **Sonne**, die Sonnen
der **Sonntag**, die Sonntage
sparen, er spart
spielen, sie spielt
der **Sport**
sprechen, er spricht
der **Stängel**, die Stängel
stehen, es steht
der **Stein**, die Steine
stellen, sie stellt

der **Stern**, die Sterne
der **Stift**, die Stifte
still
der **Strauch**, die Sträucher
die **Stunde**, die Stunden
suchen, er sucht

T t

der **Tag**, die Tage
die **Tante**, die Tanten
die **Tasche**, die Taschen
der **Teddy**, die Teddys
das **Telefon**, die Telefone
das **Tier**, die Tiere
der **Tisch**, die Tische
die **Tochter**, die Töchter
die **Tomate**, die Tomaten
tragen, sie trägt
trinken, er trinkt
tun
turnen, sie turnt

U u

die **Uhr**, die Uhren
um
und
unter
üben, er übt
über

V v

die **Vase**, die Vasen
der **Vater**, die Väter
der **Verkehr**
viel
vier
der **Vogel**, die Vögel
vor

W w

wann
warm
warten, sie wartet
warum

was
waschen, er wäscht
das **Wasser**
der **Weg**, die Wege
Weihnachten
weil
weiß
weiter
wenig
wer
werden, es wird
das **Wetter**
wie
wieder
die **Wiese**, die Wiesen
der **Wind**, die Winde
der **Winter**, die Winter
wir
wo
die **Woche**, die Wochen
wohnen, sie wohnt
der **Wolf**, die Wölfe
die **Wolke**, die Wolken
wollen, sie will
das **Wort**, die Wörter
wünschen, er wünscht
die **Wurzel**, die Wurzeln

Z z

die **Zahl**, die Zahlen
zahlen, sie zahlt
zählen, er zählt
der **Zahn**, die Zähne
zehn
zeigen, er zeigt
die **Zeit**
die **Ziege**, die Ziegen
das **Zimmer**, die Zimmer
der **Zucker**
zwei
die **Zwiebel**, die Zwiebeln
zwölf